世界と日本経済大予測2024-25

Economic risk to business and investment

Watanabe Tetsuya
渡邉哲也

PHP

はじめに――いざ、夢の「株価4万円」時代へ

ようやく、日本経済の長いデフレの夜明けを迎える時がきた。

バブル崩壊から延々と続いてきた失われた35年。不良債権処理、バランスシート不況に始まり、デフレスパイラルに陥った日本経済が今、大きく変貌を遂げようとしている。

２０２０年から始まったコロナ禍、２０２２年はウクライナ戦争の勃発、安倍晋三銃撃事件と想定外の出来事が続き、経済予測が難しかったのが正直なところだった。

だが、現在に至って間違いなく言えるのは、これから日本の大逆襲が始まるということである。

２０２３年7月には、製造業を中心に景気が回復したことなどを受けて日経平均株価が値上がりし、バブル崩壊後の最高値を更新した。

チャイナバブル崩壊や欧米のリセッションなど逆風もあるが、２０２４年の早い段階に

株価は未曽有の4万円台に突入するかもしれない。それが期待できるほどの追い風が吹いている。

ということで、今回のメインテーマは、「ビジネスの潮流」である。

とにかく今の世界経済を動かしているのは、マグニフィセント・セブン（アップル、マイクロソフト、アルファベット、アマゾン・ドットコム、メタ・プラットフォームズ、エヌビディア、テスラ）である。

AI（人工知能）を中心とした新たな技術革新に期待する声が強く、メガ・ハイテク企業の動向が株価を左右する。

だが、話はそう単純ではない。詳しくは後述するが、これら7社を同列に論じることはできない。

たとえばテスラは、AIの自動運転技術に非常に特化しているものの、EV（電気自動車）がこれから発展するかというと不透明である。

アマゾンもいつ、どこで企業活動に制限がかかるかわからない。

グローバル企業に対しては、米中はもちろん欧州、インドといった各国で、最近盛んにさまざまな規制の網が張られ活動に制限が加えられている。インターネットの拡がりとナショナリズムの高まりは不可分だという皮肉な現実が表面化してきたのだ。

このことは、大潮流としての世界の分断、米中デカップリング、価値観の対立といったなかで、企業活動そのものが禁止される可能性が高まっているという側面があることを、まず理解しなければならない。

日本経済にインパクトをあたえる40のリスクとチャンス

毎年刊行している『世界と日本経済大予測』も本書で5年目となる。

おかげさまで、「本書の言う通りになった」「本書を読んでおいたから、リスクを未然に防ぐことができた」といった声が多く届いた。2023－24年は、台湾危機やGAFAMの不振、メディアの崩壊などを言い当てた。表紙に書いてある「的中率9割」の記録はまたも継続したと言っていいだろう。

本書でも、2023年10月現在までの国際・国内情勢から焦眉《しょうび》の事項を厳選し、膨大なデータからの分析・予測を試みた。数年後、ほとんどその通りの未来になっているはずだ。

今回は特にＡＩビジネスに絡めた視点から、２０２４年以降に起こりうる国内・国外リスクを40項目挙げている。いずれも、日本経済にインパクトを与えるもので、仕事や投資をするうえで絶対に押さえておきたいものばかりだ。


日本経済がこのまま進めば、近い将来の現実として、株価4万円台は夢ではない。本書を読めばそれが納得できるはずだ。

真のリーダーや賢い投資家は、一時的な経済ショックに左右されず、大きな潮流をきっちりつかまえなければならない。そこで、本書では各項目の終わりに、リスクをチャンスに変えるヒントを記している。

また、今回初の試みとして、各章末に世界と経済の仕組みがよく理解できる映画作品を紹介した。出張中や休日などに観賞してぜひ教養を深め、ビジネスセンスを磨いていただきたい。

それでは、早速、未来予測を試みよう。

目次●世界と日本経済大予測２０２４-２５

第2章　収益構造の変化と世界に広がる規制の網
——グローバルビジネスの栄枯盛衰

第3章 「詰んだ」中国の地位を奪うインド
——日米がつき合うべき相手はどちらか？

第4章 日本経済に追い風が吹いている
——半導体、インバウンド、DX化

第5章　敵は国内にあり？ 喫緊で解決すべき「8つの課題」
——2024‐25日本経済再始動

第1章
日本の未来が絶対に明るい理由
——世界を見通す8つのキーワード

リスク1　スタグフレーション

量的緩和と資源高がトリガーに

第1章では、これだけは押さえておきたい現在の世界情勢について述べていく。新聞やネットニュースを読んでいないビジネスパーソンでも、本章の内容が頭に入っていると周りに大きく差を付けられる。心して読んでほしい。

2022年9月1日の日経平均終値は2万7661円だったが、10か月後の2023年の6月末には3万3000円を超えてきた。約20％の上昇である。

異次元の好景気とも言えるこの状況は、アフターコロナにおける対策として世界の国々で行なわれた「量的緩和」の影響が大きい。その結果、バブルマネーが世界を覆い、過剰資金が投機市場に大量に流入したのである。

そしてその反作用として資源インフレが起きていた。特にドルの下落と資源価格の反比例的な高騰は顕著であった。

２０２２年６月をピークに、ドル建ての資源価格は下落に転じたが、２０２３年夏の時点でもいまだ下落し切ってはいないと言える。この間アメリカではＦＲＢを中心に利上げを行なってきたが、資源価格の動向はほぼそれに一致して落ち着く形のチャートとなっている。２０２３年８月時点でも、ＦＲＢはそれ以降の利上げの可能性を示唆していることから、資源価格も他のモノやサービスの価格もさらに抑制する必要があると考えているとわかる。資源価格は、まだアメリカ経済が考える許容範囲に入ってきていないのだ。

コロナ禍の渦中において、一時的にＭＭＴ（Modern Monetary Theory＝現代貨幣理論）が注目された。ＭＭＴとは、学問的に言えば、管理通貨制度における政府の通貨発行権に注目し、通貨に納税手段としての価値が与えられて流通しているという表券主義に基づく理論である。まあ、この説明ではどういうことかわかる人は少ないだろう。

そこで、思い切って極論的にざっくり言うと、要するに、「政府が通貨の発行権を持っているのだから、国債など政府の借金の返済期が来たら、不足分の金額を発行して返せばよい。従って現在の経済システムの中では、政府が破綻をきたすことはありえず、インフレをコントロールできる範囲内において無限に国債などを発行できる」というような話なのだ。これは、コロナ禍での給付金など国民生活を支える資金がどこにあるのかという疑問への回答として、ちょっと都合のいい理論だったと言えよう。

しかしこれが新しい理論として現代社会で成立するかのように見えたのは、結局コロナ禍が世界を覆っていた時期だけであった。当時は経済活動がままならない中、需要の減退がインフレを抑制していたから、通用するように見えただけのことだったのである。

コロナ禍の終わりとともに資源価格は急上昇した。それまで需要の減退でダブついていた資源が一転して供給不足になり、そこに量的緩和が重なったからである。モノやサービスの供給量が変わらないまま市中の通貨量を3倍にすれば、何が起きるかは予想がつく。

もうおわかりであろう。これまで量的緩和が行なわれながら価格上昇、インフレが発生しなかったのは、コロナによる厳格なロックダウンが原因だった。ところがロックダウンが解消された瞬間に原油などの資源価格が急上昇するのは、経済の原則からすれば至極当たり前だということだ。

止まらないガソリン代の高騰から見えるもの

資源価格の上昇は、読者も日常生活の中で感じているはずだ。

２０２３年8月にはレギュラーガソリンの全国平均価格が12週連続で値上がりし、１リットルあたり１８０円を突破した。１８０円台は２００８年以来15年ぶりのことで、各メディアで大きく報じられたのは記憶に新しい。サンデードライバーは、月に一度ぐらいしか給油に行かないだろうから、突然の高価格に驚いた人も多かったと思う。こうした「ジョークだろ」と思いたいようなレベルの急激な高騰は、庶民の懐《ふところ》を直撃した。

こうなると国家経済は悪い循環にはまり始める。運送業界がガソリン価格上昇の直撃を受ければ、それは積荷に価格転嫁するしかなく、生鮮食料品などの価格上昇に直結する。これが資源高の怖さである。

不況で需要が冷え込む経済の中にインフレの要素が入り込むと、スタグフレーション（不況下のインフレ）という最悪の事態のトリガーとなるのだ。

日銀のぶれない政策が日本企業の株価を押し上げた

トヨタは２０２３年３月期の決算において、売上高が37兆１５４２億円で前年同期比

18・4%増と過去最高を記録したが、原材料価格高騰の影響を受け、営業利益は2兆7250億円と前年同期比9・0%減となった。円安により自動車はバカ売れしたものの、資源価格高騰で大儲けはできなかったというわけだ。

こうした資源高に対応するため、アメリカは2022年3月から急激に利上げを始めている。その結果、資源価格は漸次落ち着いてきているものの、これまでのような急激な経済成長は見られなくなった。

欧米諸国が金融引き締め政策を採ってインフレ退治に奔走する一方で、日本は量的緩和策を継続。それによって企業の収益は急激に上がった。

ある企業が1ドルの利益を手にしたとして、たとえば円安によって1ドル＝110円から1ドル＝140円になれば、企業の業績が改善されたように見える。またバランスシート上でも同様の理由で、望ましいとされる状況を呈することとなる。

日本企業の多くは海外に巨額の投資をしており、これが為替効果として企業業績を押し上げる結果になっていたのだ。企業の含み資産の増加が、株価上昇の大きな要因となっていたのは疑いないことである。

ただし、2024年初頭にも日銀は大きな政策転換を行なう可能性がある。すでに、消費者物価指数は目標とする2％を継続して大きく超えており、需給ギャップも解消された。つまり、すでにデフレではなく、インフレに突入している。

この状況で、量的緩和策を継続するのはインフレを加速させることになる。ただし、日銀は大量の国債を抱えており、欧米のような急激な利上げができる環境にはない。利上げ＝資産価格の下落であり、日銀が債務超過に陥るからだ。

だから、当面は欧米との金利差が継続するのが大方の予測だ。このため、為替的には円安の水準が継続するとみられており、輸出の好調と資産効果による好業績が続くと予測されている。

また、円安の長期化は製造業等の国内回帰を大きく支援する。これもプラス要因と言えるだろう。

リスク チャンス

急激な利上げがなければ、日本株は上がり続ける

リスク2　米中デカップリング

国内に回帰する日本企業

続いて注目したいのは、米中のデカップリングから生じるプラス効果だ。

今日では数多《あまた》の日本企業が中国に生産拠点を持っている。ところが米中デカップリングが進行する中で、大手製造業に国内回帰の動きが見られるようになってきた。

そうなれば当然のこと、その下請け企業などの周辺産業にもプラスの影響が出てくる。

バブル崩壊後の失われた35年の不振が、うまくいけば一気に解消される流れになってきた。

鄧小平《とうしょうへい》政権以来の改革開放政策の下で、中国は外国から技術と資本を導入し続け、日本企業はそのバスに乗り遅れまいとした。その結果、日本製の製品がどうなっていったか。

当初こそは、日本企業の日本製品と、日本企業の中国製品がカニバリズム（共食い）のような状況を繰り拡げることとなったものの、原材料費と人件費が圧倒的に安い中国製品に、日本製品が駆逐されていったのは当然の帰結である。

昭和のバブル経済華やかなりしころ、アメリカ製造業の不振を「空洞化」と呼んでいた日本企業は、目先のメリットに目が眩んで、同じ轍《てつ》を踏んでしまったのである。技術導入を受けた中国製品は、構造上は日本製品と遜色がないうえ、中国政府の支援を受けて超前向きな経営を展開していたから、どんどん優位になっていった。

やがてその戦いに敗れ、中国に飲み込まれていった日本企業は多い。その典型が三洋電機である。三洋は、世界最大の白物家電企業に成長した中国のハイアールに、白物家電事業を買収された。

また東芝も、白物家電子会社の東芝ライフスタイルを、中国の美的（ミデア＝Midea）集団に売却した。

美的集団は1968年創業の当初は、薬用のガラス瓶の蓋などをつくる町工場であった。その後、海外の企業と組んで製品の多様化を進め、ハイアールに次ぐ世界第2位の白物家電企業へと成長を遂げた。

時代の変化と言えばその通りだが、日本人としてこの事実を目の当たりにすると、戦後の高度経済成長では主役を演じた名門企業・東芝の白物家電事業が、中国の町工場上がりの企業に買収されたのだから、落胆とともに脱力感を覚える。

「中国離れ」でGDPの成長率も良化する

こうした日本企業にとっては屈辱の時代も、米中のデカップリングの進行によって、流れが一気に変わってきている。とりわけ近年の中国による半導体輸出規制は、中国国内でのモノの生産に継続的信頼を置くことには重大なリスクが伴うことを世界に知らしめた。

そしてそれへの対策として、アメリカがTSMC（台湾積体電路製造）をアリゾナなどに、日本は熊本に誘致することを決定し、ヨーロッパではドイツがドレスデンにTSMCの工場建設を決めるなど、さまざまな国に、半導体生産における「中国離れ」の動きが出ている。

また、日本経済にとっても中国での事業は日本のGDP（Gross Domestic Product＝国内総生産）の成長に何の関与もしないから、今日ではあまり旨味がなくなっている。

GDPは国内で生産されたすべての付加価値の合計を表す。すると当然のことながら、日本のGDPには日本企業が中国などの海外で生産した付加価値は含まれない。逆に、生産者の国籍に関係なく国内で生産された付加価値はすべて含まれるから、ＴＳＭＣが熊本で生産する付加価値も当然、日本のＧＤＰに含まれることになる。

あくまでもＧＤＰというのは、日本国内で作られた付加価値であるから、たとえ日本企業が中国でモノづくりをして中国のＧＤＰを引き上げることに貢献しても、日本のＧＤＰは引き上げない。要するに進出が続けば日本のＧＤＰにとってさらにマイナス要因になっていたわけだ。

こうした状況が一気に解消される方向に、日本が舵を切ったのが２０２３年である。長らく続いてきたデフレの大きな要因も克服されていく。この傾向は、２０２４年以後さらに顕著になる。なぜなら米中のデカップリングは国際情勢から見ても加速していくからである。

リスク　チャンス
ＴＳＭＣの工場が熊本に！

Column　九州の「シリコンアイランド」が熱い！

ＴＳＭＣは熊本県菊池郡菊陽町に工場を建設中で、２０２４年末の稼働を予定している。世界最大級の半導体製造会社の進出ということで、地元ではすでにバブル到来を期待する声が上がっている。

ソニーグループやデンソーなどが出資するＴＳＭＣの子会社ＪＡＳＭ（Japan Advanced Semiconductor Manufacturing）が工場を運営、総投資額は約86億ドル（発表当時の為替レートで約1兆円）で、そのうち４７６０億円を日本政府が補助している。さらにＴＳＭＣの劉徳音《マークリュウ》会長は、菊陽町付近に第2工場建設のプランを発表し、２０２６年末までに製造開始を予定している。当然のことだが、大きな雇用の創出が期待できるだろう。

　こうしたTSMCの進出に絡み、日本企業も国内への投資を拡大し、九州地域で10以上の半導体製造計画が進んでいる。もともと九州は半導体産業が盛んで、シリコンバレーにならって「シリコンアイランド」と呼ばれている。人口4万人を少し超える程度の菊陽町に、TSMCの台湾からの駐在員とその家族が大勢やってくる。2023年8月から受け入れが本格化し、町では住宅や教育などの受け皿整備が進んでいると各メディアが報じているので、目にした方も少なくないだろう。

　日本の多くの地域で少子高齢化、過疎化が進むなか、菊陽町は人口増加を続けている。国勢調査では1980年に2万152人、2000年に2万8360人、2005年に3万2434人、2010年3万7734人と上昇の一途を辿り、2023年7月末時点での町の発表では4万3609人と、1980年と比べて倍増となった。

　菊陽町だけでなく、北海道千歳市には日本の半導体メーカーのラピダス（Rapidus）が新工場建設を決め、苫小牧から千歳、札幌そして石狩に連なる「北海道バレー構想」が発表されている。

　こうした半導体産業の活性化については、第4章で詳細に触れる。

リスク3　2024年・米大統領選

バイデン再選は厳しい

2024－25年の国際政治・経済の最大のポイントは、11月の米大統領選である。この結果が、その後の世界の流れの根本になる。

この選挙では大統領と副大統領を選ぶとともに、下院議員（任期2年）は総改選、上院議員（任期6年）は三分の一が改選される。上下院の過半数を民主・共和両党のどちらが取るかによって、舵取りが大きく変わるのである。

現在は、2022年11月の中間選挙で共和党が下院の過半数を制した（共和党222議席、民主党213議席）ことから、アンチGND（グリーン・ニューディール）、アンチESG（環境・社会・企業統治）の動きが強まっている。

日本人の多くが誤解しているが、アメリカでは大統領よりも議会のほうが大きな権限を持っている。

大統領には法案提出権もなければ議会の解散権もない。日本では総理大臣が「（衆議院を）

解散するぞ」と匂わせるだけで、選挙が怖い野党は大人しくなってしまうが、その議会解散権という伝家の宝刀を大統領は持っていない。

大統領が議会に対して行使できるのは、教書送付権と法案拒否権である。前者は立法や予算の審議を勧告する権利で、後者は議会で可決された法案を拒否できる権利である。もっとも後者は、両院がそれぞれ3分の2以上で再可決すれば、再拒否はできないという、「ごまめの歯ぎしり」のような限定的な権限でしかない。

なお、米議会では下院に予算先議権があり、実質的に下院が予算の成否を握っている。したがって、民主党のバイデン大統領は、共和党が過半数を占める下院でどうやって予算を通せばいいのかという、厄介な問題を抱えている。予算が下院を通らないと、米大統領は完全なレームダックになってしまうからだ。

予算を共和党が握り、ESG投資は終わった

ESGやGNDに否定的な共和党が予算に関する主導権を握った結果、何が起きたかというと、GNDに依存する各種産業の破綻である。

その典型例がシリコンバレー銀行だ（2023年3月10日破綻）。同行はアメリカのコミュニティソーラーファイナンスの60％以上の組成に関わっていたとされ、太陽光パネル等の案件で、1500社以上に融資をしていた。ところが2022年の中間選挙で共和党が勝ったことでGND関連事業の予算がつきにくくなり、ビジネスモデルが壊れてしまったのである。

肝心の米大統領選に目を向けると、民主党の指名候補を決める予備選は2024年2月3日のサウスカロライナ州から始まる。

従来はアイオワ州から始まり、ニューハンプシャー州、ネバダ州、サウスカロライナ州という順番となっていたが、バイデン大統領の希望でサウスカロライナ州からのスタートに変更となった。

2020年の予備選で、当時のバイデン候補がサウスカロライナ州でアフリカンアメリカン層の支持を受けて最多得票率を獲得し、一気に有力候補に躍り出たという縁起の良さというか神頼み的な期待があると思われる。現職の大統領として臨む2期目、予備選の劈《へき》頭《とう》に再選の流れを作り出したいという考えによるものだろう。

予備選の順番を入れ替えられるのも、現職の強みと言える。3月5日のスーパーチューズデーで大きな流れは決し、8月19日からの民主党全国大会（イリノイ州シカゴ）で指名候補選出となる。

バイデン敗北、共和党大統領誕生か？

とはいえ現実的には、バイデン大統領の再選はかなり難しいと思われる。では誰が民主党の指名候補になるかと言われると、現職のバイデンを上回りそうな候補はまだ出てきていない。

ただこれも、民主党の時間稼ぎだろう。予備選前の段階で強烈な対抗馬が出てくると、バイデン政権が早々にレームダック化してしまう。そうなると民主党としては2024年の議会を維持できないだろうという判断から、あえて出していないということなのだろうと私は考えている。

一方の共和党はトランプ前大統領が今のところ優勢とされるが、フロリダ州知事のロン・デサンティスも2023年5月に正式に立候補を表明した。

1978年生まれの45歳、イェール大学卒、ハーバード大学ロースクールを出たエリートで、トランプ氏と同じ保守派とされる。しかも海軍に入隊経験があるという「古き良きアメリカの大統領候補」というイメージである。

正式な立候補表明前の2023年4月には日本を訪問して岸田総理らと会談している。日本政府でも2024年米大統領選の有力候補と目しているため、一介の州知事に対して異例の厚遇をしている。

また、マイク・ペンス前副大統領もデサンティスに先んじて立候補を表明。ただし、支持率ではトランプに大きく離されている。

本書執筆時点での予想は難しいが、バイデン大統領の再選はさすがに厳しいだろう。大統領としての実績は物足りないものだし、2024年の大統領選が終わった11月下旬には82歳になっている。さらに最大の問題として体調問題を抱えている。

現時点での共和党の大統領候補の最右翼はトランプ前大統領である。民主党系の州等で機密文書問題等の刑事訴追を受けるなど逆風を受けてはいるものの、逆風が逆風になっていない。

そもそも論として、共和党の予備選挙は共和党員だけが参加できる。騒いでいるのは民主党員や民主党シンパのメディアであり、「笛吹けど踊らず」の状態になっている。懸念されるのは、2024年6月には78歳になるという年齢であり、そして、本選で勝てるかという点である。予備選挙と違い本選ではリベラル層などさまざまな思想の人が投票する。強烈なキャラクターに拒絶反応を示す人が多いのも事実である。

本選を見据えれば、「若返り」と拒絶反応の少なさからデサンティスに注目する有権者が増えてくるかもしれない。

リスク　チャンス

歴史的に民主党よりも共和党のほうが日本との相性がよく、「バイデンのピンチ」は日本にとってチャンスになる

リスク4　アメリカの中東政策

バイデン退場で中東関係は改善する

中国と湾岸諸国の近年の接近は、バイデン政権の中東に関する無策に起因する。

バイデン政権誕生時から、中東との関係が悪化するのではないかと筆者も予測していたが、やはり予測どおりになってしまった。この頭の痛い問題の解決のためには、まず2024年の米大統領選で共和党の候補が勝つことである。それはなぜか。

そもそも中東和平を成功させたのは共和党のトランプ政権だった。イスラム教は一枚岩ではなく、スンニ派とシーア派に分かれている。スンニ派が8割以上を占める多数派で、聖地メッカのあるサウジアラビアを中心に、ほとんどのイスラム諸国がこれに属する。一方、シーア派は10％から20％程度の少数派である。イランがその筆頭で、イラク、レバノン、バーレーンなどでも多数を占めるとされる。この2つの宗派の対立はかなり激しく、「サウジアラビア対イラン」の形で対立が顕在化することが少なくない。

「敵の敵は味方」の論理で、トランプ政権はイスラム教内の対立を利用してうまく立ち回った。シーア派の核であるイランとの対立を鮮明にすることにより、スンニ派との交渉に成功、サウジアラビアや湾岸諸国との融和、国交回復を実現したのである。

ところがバイデン政権は、それらをひっくり返した。政権が交代し、与野党が逆転すれば、前政権の政策の見直しをするのは当然で、バイデン政権誕生時には、トランプ政権の政策の見直しが行なわれた。大きな政策変更として、トランプ政権時にパリ協定（COP21＝国連気候変動枠組条約第21回締約国会議で採択）からの離脱を決めたが、バイデン大統領は就任後、直ちにパリ協定への復帰を決めたことがある。まさにESGやGNDに理解のある民主党政権の面目躍如といったところである。

同じように、トランプ政権の旗幟《きし》鮮明《せんめい》な中東政策をバイデン大統領が玉虫色の路線に回帰させたことで、アラブ諸国は不信感を抱き、当てつけのように中国に接近を図るようなポーズをとっていると考えられる。なぜポーズかと言うと、湾岸諸国はアメリカと疎遠になって中国に乗り換えることはできないからだ。なぜなら、湾岸諸国の資産であるペトロダラー（産油国がドル建てによる原油輸出によって得た資金）や、通貨ディルハムを中心とした湾岸通貨は、ドルと一蓮托生の関係にある。原油価格の国際指標がすべてドルで表示されることからもわかるように、両者は分かちがたく結びついているのだ。

ペトロダラーを海外に持っていけば、エクスチェンジコストなしでドルとして使える。つまり、彼らは米ドルで富を蓄積しているに等しい。アメリカに本気で喧嘩を売れば、過去の資産がすべて召し上げられてしまうので、そのようなことができるわけがない。

サウジアラビアは一夫多妻が認められている国で、8000人もの王族が存在する。原油などの資源を含め、国そのものを王族が所有する。そのうえで原油の利権を王族に与えている。このアロケーション（原油の産出権）をサウジアラビアならサウジアラムコ（サウジアラビア国営石油会社）に持っていくと、その分の原油をもらえるわけだ。これをさまざまな相手に売り、その販売代金が王族の活動資金になる。

仮にアメリカを敵に回した場合、こうしたモデルそのものが破綻してしまう。結局、アラブの王族が蓄積した資産は、アメリカの金融システムの中にしか存在しないのである。

リスク　チャンス

次期米政権の中東政策に注目

リスク5　BRICS通貨

中央銀行が複数ある時点で無理

ブラジル（Brazil）、ロシア（Russia）、インド（India）、中国（China）、南アフリカ（South Africa）の5か国の英語の頭文字を並べたBRICSを知らないビジネスパーソンはいないだろう。新興5か国の意味で、この新興5か国による首脳会議をBRICS首脳会議と言う。

2023年8月24日、このBRICSにアルゼンチン、エジプト、イラン、エチオピア、サウジアラビア、アラブ首長国連邦（UAE）の6か国が2024年1月から加入することが発表された。このようなニュースを耳にすると、一見、新勢力の勢いに追い風が吹いているかのように見えるが、そんなことはない。

最近、BRICS通貨などという夢のような話が出てきているが、それはまさに夢幻でしかない。BRICS通貨を成立させるためには、EUで行なわれたように、BRICSで中央銀行を統一しなければならないからだ。

じつは新開発銀行（New Development Bank）という「BRICS銀行」と呼ばれる機関

は存在する。ところがこの銀行は国際開発金融機関にすぎず、中央銀行の機能を持っていない。ＩＭＦ（国際通貨基金）のように、参加国が経済危機に陥った場合などの緊急時の安全弁にすぎないのである。

一般に中央銀行の役割は、発券銀行、政府の銀行、銀行の銀行とされる。しかも、景気のバランスを取り、市中に出回る通貨量の調節をする金融政策を実施する。そのような中央銀行とＢＲＩＣＳ銀行は全く性質が異なるものであることは明らかである。

地政学的にも現実的ではない

各国バラバラの中央銀行のまま、統一通貨の運用などできるはずがない。たとえば、中国はインフレ気味なので通貨量を抑制したいとして公債などを多発して市中の通貨を吸収する。その一方で、ブラジルはデフレ気味なので通貨量を増やすために公債などを買い入れる。このように同一の通貨圏内で全く逆の金融政策を行なうことになってしまう。

ＥＵの通貨統合の際には、欧州中央銀行が１９９８年に設立され、フランスのフラン、ドイツのマルク、この二通貨を中心に統合が行なわれて１９９９年に共通の通貨ユーロが生まれた。欧州中央銀行による統一金融政策が実施され、2002年1月からユーロ貨幣の流通が開始されるという流れになっていた。

BRICSが統一通貨をつくるとすれば、EUと同様にブラジル、ロシア、インド、中国、南アフリカで中央銀行を統一できるのかという話になるが、地政学的にもできるはずがない。

そもそもインドと中国とは領土問題などで対立しているし、ロシアは下手をすればこのまま敗戦国家になって経済的に困窮状態に陥る可能性は十分にある。このように、BRICS通貨が成立するための中央銀行の統一という必要不可欠な前提をクリアできる状況にはないし、将来的にも見通せない。

中印の対立でBRICS銀行が機能していないと言われるなかで、2015年に中国が中心になってAIIB（アジアインフラ投資銀行）を設立した。ところが、そのAIIBも目算通りには機能せず、「一帯一路」政策によって直接融資に切り替えているのが現状である。

リスク　チャンス

中国主導の金融政策は無視してよい

リスク6　台湾総統選

頼清徳以外の勝利は不幸な結果となる

2024年1月に台湾総統選が行なわれる。3選が禁じられているために、現在2期目の蔡英文《さいえいぶん》総統は出馬できないから、強力な本命が不在の激しい戦いになっている。

今のところ、現副総統の頼清徳《らいせいとく》氏が優勢だ。前回の総統選、民進党の予備選では9％程度の差で現職の蔡英文氏に敗れた。蔡英文氏のランニングパートナーとして2020年の総統選に出馬し、両候補で817万231票という史上最高の得票を得ている。

1959年10月生まれの64歳。台湾大学（旧台北帝国大学）医学部出身で、ハーバード大学公共衛生大学院卒業という、台湾の典型的なエリートと言っていい。

本来なら、対抗馬は国民党の候補だが、今回は台湾民衆党の主席・柯文哲《かぶんてつ》氏が力をつけている。こちらも頼清徳氏と同じ1959年の生まれで、台湾大学医学部出身の医師。2期8年台北市長を務めた。2023年6月に行なわれたTVBSの世論調査では第1位となった。支持率は33％で、頼清徳氏が30％、国民党の侯友宜《こうゆうぎ》氏が23％だった。

台湾も民進党と国民党の二大政党と言っていいが、アメリカやイギリスのような歴史ある二大政党というわけではなく、総統選は個人の人気投票的な意味合いも色濃く出る。イメージとしては、維新の会から魅力的な総理候補が出てきたという感じか。

このような状況になるのも、国民党がしっかりしていないという側面があり、今回三つ巴の戦い（民進党、国民党、民衆党）になるのは確実な情勢。

これまで二大政党による緑（民進党）と青（国民党）という戦いだったのが、今回、民衆党の柯文哲と、鴻海精密工業の郭台銘（テリー・ゴウ）というジョーカーが出てくる。このジョーカーはアメリカとも大陸ともうまくやっていきたいと主張している。それに越したことはないが、現実問題不可能であることは多くの台湾人はわかっている。

２０２３年８月自民党の麻生太郎副総裁が台湾で開かれた地域安全保障フォーラム「ケタガランフォーラム」で基調講演を行なった。これは台湾側の招待によるものであり、元総理であり与党副総裁という立場でもあるため、日本の方針を伝えるものと評価される。

その席で麻生氏は、「最も大事なことは、台湾海峡を含むこの地域で戦争を起こさせないことだ」「今ほど日本、台湾、米国をはじめとした有志の国々に、非常に強い抑止力を機能させる覚悟が求められている時代はないのではないか。戦う覚悟だ」「台湾の人たちの生活、幸せ、繁栄を維持するため、現状を守り抜く覚悟を蔡英文総統の後に総統になられる方にも持っていただき、同じ価値観を持つわれわれと一緒に戦っていただけることを心から期待する」と、侯友宜などが謳う「対中融和路線を完全否定」した。

翌日の蔡英文総統、頼清徳副総統（総統候補）との会談後の記者会見では、「頼氏に台湾に対する決意をうかがわせていただき、安心した」「（総統選後に）急に中国と手を組んでもうけ話に走ると、台湾の存在が危なくなる。選挙結果は日本にとっても極めて大きな影響が出るから、次の人を育ててもらいたいと蔡氏に申し上げた」と事実上の後継指名をしたわけだ。この様子を主要台湾メディアが生中継し、台湾世論は一変した。

その結果、頼清徳氏の支持率は史上初の40％超えとなり、柯文哲氏の支持率は一気に8％以上下落することになった。麻生副総理の台湾訪問を受けた後、頼清徳氏は米国を訪問し、米国との間の親密な関係が世界に報じられたことも、支持率を押し上げた要因と言えるだろう。

選挙は水物であるため、何があるかわからないが、現状は頼清徳氏が優勢であり、このまま進めば、日台の関係はさらに深まるものと考えられる。

では、仮に頼清徳氏が勝った場合、中国との関係はどうなるのか。

民進党はもともと「台湾独立」を唱えていたが、政権をとってからは、曖昧戦略をとっている。そのうえで、現在、蔡英文総統は「自然独立」を謳っている。

これは国際法上の独立統治50年で独立とするという概念であり、すでに国民党が台湾に渡って50年以上が経過し、その間、独立自治を貫いているので、あえて独立を宣言せずともすでに独立した国家であるという主張である。

数は少ないが、台湾との国交を継続している国がある。国家でなければ国交は持てないわけで、国家なのである。そのうえで、それを認めるか認めないかは相手国の決定の問題としている。

「ワンチャイナポリシー」

これは、中国からの軍事的圧力と日米などの「曖昧戦略」が大きな理由である。

日本は日中国境正常化の際の共同声明において「中華人民共和国政府は、台湾が中華人民共和国の領土の不可分の一部であることを重ねて表明する。日本国政府は、この中華人民共和国政府の立場を十分理解し、尊重し、ポツダム宣言第八項に基づく立場を堅持する」としている。

よく読めばわかるが、台湾を中国の不可分の領土と認めていない。中国の立場を尊重するとしているだけである。米国も同様で、中国の立場を尊重するとしているにすぎない。欧州各国もほとんどの国で同様の条約や声明となっている。

つまり、中国の言う「一つの中国（台湾は中国の一部）」と西側各国の「一つの中国（中国は台湾を中国の一部と言っている）」では異なる意味なのである。

そして、これは尊重であり、承認したわけではない。そのうえで、米国は台湾関係法や台湾政策法という外交関係や軍事的保護の法律をアップデートし、台湾保護を強く打ち出しているわけだ。そのなかで、先述の麻生副総裁の発言は大きな意味を持つと言える。

リスク チャンス 台湾有事は台湾独立のチャンス

リスク7　北朝鮮の暴発

南北融和は望ましくない

北朝鮮はソ連によってつくられた国家で、初代の将軍様（金日成《キムイルソン》）は、ロシアのエージェントだったとされる。朝鮮戦争で中国の支援を受けるなど中国との関係も深く、20世紀後半からソ連が弱体化していく過程で、経済関係を含め中国との接近を進めていった。

歴史を振り返ってみると、北朝鮮という国家はソ連（ロシア）と中国の「フロント」であり続けた。現在の位置付けも変わることはないが、2022年2月のロシアによるウクライナ侵攻後は、世界の耳目《じもく》がウクライナに集まったことで、もはや誰も相手をしない。

国家の存在価値、存在意義を国際社会に示すためには、頻繁にミサイルを撃つ以外に方法がないわけだ。「何をするかわからない」という恐怖心を周辺国家に与え、「おとなしくしてやるから、何らかの見返りを寄越せ」と要求して糊口《ここう》をしのぐしかない。その行動パターンは、まさに反社会的集団のフロント企業そのものである。

今日の日韓融和に隠された意図

北緯38度線を挟んで軍事的に対立する北朝鮮と韓国だが、世界的な視点から見ると分割統治による力の均衡によって、国際社会に対しては無力化されている。

ところが、今、北朝鮮の両親と言っていい中露両国がおかしくなり始めている。もともとあまりうまくいっていないそのフロントは、さらに不安定になるから、いつ暴発してもおかしくない状態にあると言える。

北朝鮮は、2023年1月の時点で核弾頭30発を保有している（ストックホルム国際平和研究所）から、存亡の危機に陥れば実際に使用する可能性はある。そのリスクは北朝鮮と関わる際に、つねに判断要素の中に入れておかなければならない。

アメリカ、ことに民主党政権は常々、北朝鮮と直接対峙する韓国を日本に押しつけてくる。自国でコントロールしにくい（すればできるのかもしれないが）し、面倒な要求も多い韓国の「お世話」を日本に押し付けたがるという表現が正確かもしれない。

押し付けられる日本にとっては、地政学的に見て韓国から目を離すわけにはいかない。

韓国が北朝鮮と融和を進め、アメリカ側から中国側に寝返ってしまうと、日本海の安全保障が一気に危険水域に達してしまう。

韓国の存在によって、日本にとっては安全保障上のラインが北緯38度線まで上がっているから、北海道から九州までの地政学的安定が保たれてきた。もし、韓国が中国側につけば、そのラインが対馬海峡まで下がってくることになる。これが朝鮮戦争以後一貫して日本が韓国を支援してきた理由である。

そもそも日露戦争（1904－1905）も朝鮮半島への南下を図るロシアと、それを許せば独立が脅かされる日本との戦いであった。北朝鮮が暴発して韓国を占領すると、120年前の日露戦争開戦前と似た状況の再現となってしまう。朝鮮半島の動向は21世紀の日本にとっても相変わらずの死活問題なのだ。

アメリカも台湾問題に手いっぱいで二正面作戦はできないだろう。

そうした日米の状況を考えると、韓国との共同体制は、岸田政権が担わざるをえない重要課題と言える。

日本からすれば、対北朝鮮融和志向の文在寅《ムンジェイン》政権（2017－2022）とはまともな対話が成立しなかった。安倍政権は戦略的無視という形で、次の政権に期待をかけるしかなかった。

2022年に成立した尹錫悦《ユンソンニョル》政権は、文政権の姿勢を継承せず自由主義陣営への復帰を果たし、現状では日本との協調を志向しているように見える。

全く信用できない政権ではあるが、日本も東アジアが緊張した状態にあるため、一時的でも融和的な関係をつくらざるをえない。岸田総理がしきりに演出している日韓融和はそういった背景を考えるとわかりやすい。

リスク チャンス

消えない半島リスクは、韓国からの撤退を後押しする

リスク8　東アジアと半導体

新同盟「チップ4」の狙い

緊迫する東アジア情勢をより難しくしているのが、半導体製造をめぐる問題である。

いまや半導体に関する知識はビジネスパーソンの重要なインテリジェンスとなっている。ここに書くことぐらいは常識として押さえるべきだ。

まず世界の半導体、SoC（システムオンチップ）の7割近くは台湾と韓国でつくられている。最新鋭のファウンドリ（半導体製造工場および半導体の受託製造に特化した専門企業）はTSMC（台湾）とサムスン（韓国）の二社であることは間違いない。

フラッシュメモリとDRAMに関しては日本のマイクロンメモリ ジャパン（旧エルピーダメモリ）、キオクシア（旧東芝メモリ）があるが、基本的にファウンドリと同じ構造になっている。

このファウンドリと言われるカスタムCPU、SoCの生産は、台湾と韓国に依存している。これは日本の主要ファウンドリであるルネサスエレクトロニクスが東日本大震災で大きな被害を受け、資金的にも開発が困難になった結果であり、電気代など生産コストが韓国や台湾に勝てなかったためである。

そこで日本の半導体関連メーカーは、最終生産にこだわらず、素材や設備などに特化するという選択をしてきたわけだ。

しかし、すでに解消されたが昨今の半導体不足を教訓に、自国に半導体工場を戻す動きが本格化、その流れを受けて、国産半導体への支援が日米で始まった。

実際、ソニーグループやトヨタ、NTTなど日本の主要8企業が出資してラピダス(Rapidus)株式会社をつくり、政府の3300億円にのぼる支援を受けて北海道千歳市に新工場を建設している。周辺はTSMCが進出する熊本県菊池郡菊陽町同様のバブルの到来に沸いている。その点は第4章であらためて触れることにする。

アメリカも技術やコスト面から言えば開発は可能であったが、あえて進めてこなかったという側面がある。しかし現在は、インテルなどが再びファウンドリ事業を再開しようという方向で動き始めている。

このような状況で、仮に韓国が経済面だけでも中国の支配下に入ると、世界中の半導体の需給バランスが崩れてしまうし、高度な技術も中国の手に落ちる。そうなればこれまでの半導体規制等の防止対策に大穴があいてしまうことになる。

これを恐れたバイデン政権は、2022年に「チップ4」という、日本・アメリカ・台湾・韓国の4か国半導体供給網に関する協議体を形成し、さらに日・蘭・米の3か国が、先端半導体技術の対中輸出規制の強化に合意、対中国半導体包囲網を形成した。これによって高度な技術が中国に渡らないようにする狙いだ。まるで第2次大戦前のABCD包囲網が、中国に対して敷かれているような状況と言えるかもしれない。

本章では、まず理解しておきたい8つのリスクについて述べた。これらをしっかり念頭に置いて、この後の章を読みながら、わが日本の勝ち筋を見定めてほしい。

リスク チャンス 国産半導体の復活が始まる

Column

世界と経済が学べる オススメ映画①

『キングスマン ファースト・エージェント』

（2021年 マシュー・ボーン監督）

スパイアクションで人気の「キングスマン」シリーズ第3作。舞台は20世紀初頭、1914年に始まる第1次世界大戦（1914−1918）を背景に、レイフ・ファインズが演じる英国貴族オックスフォード公が闇の組織に立ち向かう。

キングスマンはコミックが原作で、第1作『キングスマン』（原題は *Kingsman: The Secret Service*）は2015年に劇場公開された。

成功したIT実業家が、特殊なチップを埋め込んだ人間以外が相互に殺戮し合うことで、人間を間引きするという計画を立てた。その計画を、どの国にも属さない中立の諜報機関キングスマンのエージェントが阻止するという、現代的な問題を扱ったものだった。コミックが原作ということもあり、完全なエンタメ映画である。

第2作も同様ではあるが、多少、政治的背景を感じさせる舞台設定となっている。第2作『キングスマン　ゴールデン・サークル』（原題は*Kingsman: The Golden Circle*）は第1作の続編で2018年公開。世界最大の麻薬密売組織ゴールデン・サークルを相手に、キングスマンのエージェントが戦うストーリー。同じ中立の諜報機関ステイツマンの協力も得て立ち向かう。

キングスマンはどこの国にも属さない機関ではあるが、名前からして王室を意識しており、英国をイメージできる。その方向で考えるとステイツマンは、米国を意識しているのは明らか。ステイツマンを救うのはキングスマン。その緊密な関係を示しているのは象徴的だ。

というのも、ブレグジット（英国の欧州連合離脱）を決定した国民投票（2016年6月23日）の後、英国が「米英は特別な関係」と言い始めた時期に制作された映画であり、英国の今後のあり方を示唆する内容になっている。

この前2作を受け、時代を一気に100年以上前に戻し、キングスマン誕生を描くのがこの第3作である。1902年、第2次ボーア戦争を遂行中の英国から話が始まる。エンタメ映画だったものが、最新作では第1次世界大戦までの歴史映画に変わっている。そのため第1作から3作を順番に観ないと内容を理解できない。

第3作ではレーニンやロシアの怪僧ラスプーチン、セルビアのテロリストでオーストリア=ハンガリー帝国の皇太子を殺害したプリンツィプなどが登場。第1次世界大戦前のヨーロッパの混乱が起きる前の情勢を示している。ウクライナ侵攻前に制作された映画ではあるが、混乱する欧州を予言するかのような内容だ。その意味でもビジネスパーソンがグローバルな視点を持つために必見の作品と言える。

なお、キングスマンの名は、当時の英国国王ジョージ5世の協力の下でつくられたことに由来すると考えていい。ジョージ5世は現チャールズ国王の曽祖父にあたる。

第2章

収益構造の変化と世界に広がる規制の網

――グローバルビジネスの栄枯盛衰

リスク9　生成ＡＩ

規制の中で伸びていく

本章では、２０２３年年初からの米国株式市場を牽引しており、影響力の大きさからマグニフィセント・セブンと呼ばれている、ＧＡＦＡＭ（アップル、マイクロソフト、アルファベット、アマゾン・ドットコム、メタ・プラットフォームズ）、エヌビディアとテスラを中心に、将来的な経済動向を見ていこう。

現在、最も注目されている情報技術はＣｈａｔＧＰＴに代表される生成ＡＩだろう。文章や画像、音楽などを人工知能が生成する。つまり人間だからこそできるとされていた営みが機械にとって代わられるわけで、いよいよ人間の存在価値そのものが疑わしくなってきた。

多くの人は気づいていないかもしれないが、すでに日本では、生成ＡＩへの規制が始まっている。たとえば２０２４年４月入学の大学入試で、入試要項に以下のような注意を掲げた大学があった。

＊出願書類の作成において、ChatGPTなどの生成AIを用いてはいけません。
（上智大学推薦入学試験等の入試要項から）

実際、ChatGPTを用いて文章を生成した場合、一定水準の文章はたちどころに出来上がる。事実関係の間違いは少なくないが、その点を人間がチェックして修正すれば、大学入試レベルの提出書類作成などは十分可能である。上智大学ではそのような書類作成は望ましくないと考えたのであろう。提出書類の文章もまともに書けない人物は合格に値しないというのも道理ではあるのだが。

しかしながら、提出された書類の文章を人間が書いたのか、ChatGPTが書いたのか判別するのは容易ではない。というよりも、捜査機関でもない大学にそれを判別する能力などなく、現実的には受験生側の良識に期待するしかないのだ。

これ以外にも「著作権の所在」問題が大きな議論になっている。

著作権法30条の4は、平成30年に改正されて以下のようになった。

（著作物に表現された思想又は感情の享受を目的としない利用）

著作権法30条の４　著作物は、次に掲げる場合その他の当該著作物に表現された思想又は感情を自ら享受し又は他人に享受させることを目的としない場合には、その必要と認められる限度において、いずれの方法によるかを問わず、利用することができる。ただし、当該著作物の種類及び用途並びに当該利用の態様に照らし著作権者の利益を不当に害することとなる場合は、この限りでない。

一　著作物の録音、録画その他の利用に係る技術の開発又は実用化のための試験の用に供する場合

二　情報解析（多数の著作物その他の大量の情報から、当該情報を構成する言語、音、影像その他の要素に係る情報を抽出し、比較、分類その他の解析を行うことをいう。第47条の5第1項第2号において同じ。）の用に供する場合

三　前2号に掲げる場合のほか、著作物の表現についての人の知覚による認識を伴うことなく当該著作物を電子計算機による情報処理の過程における利用その他の利用（プログラムの著作物にあつては、当該著作物の電子計算機における実行を除く。）

に供する場合

要するにＡＩの学習のために使用する文章なり画像なりは勝手に使用できる。それによって出来上がった物に著作権者の権限が及ぶかとなると、これは一概には言えない。開発段階では著作権者の許諾はいらないが、生成された作品が原作と類似性があれば著作権の侵害となりうると考えるのが自然な考え方だとは思うが、そこまで考えられて法律ができているわけでもない。生成ＡＩについては早急に著作権の保護などの対策を取らなければ、海賊版が横行する国のやりたい放題を許すことになりかねない。

こうした対策については、アメリカが一歩先を行っている。

アメリカ政府は２０２３年７月、生成ＡＩがつくった文章や映像は「ＡＩ製」と明記することなど新たなルールの導入をメーカー７社と合意したと発表した。

要するにＡＩが生成した真実ではない情報がネット上で拡散されることによるリスクを考え、「電子透かし」と呼ばれる技術で「ＡＩ製」を表示することにしたのである。

暴走しないような仕組みをつくったということだが、法的拘束力はない。開発7社の良心に期待するしかないが、今後は法整備も進めていく見通しになっている。

こうしたアメリカ政府のやり方は、生成ＡＩの使い方としては正しいが不安は残る。自由の国アメリカでは、なかなか民間の企業の活動まで制約できない。たとえば、ニューヨークタイムズは２０２３年8月3日付けで利用規約を変更し、自社の記事を生成ＡＩの学習用途に使用することを禁じた。

報道機関が記事利用の対価を受け取りやすくなるように生成ＡＩを手がけるグーグルなどに団体交渉する計画から離脱したとも報じられている。逆にＡＰ通信は、オープンＡＩに過去記事のデータを学習用として提供し、対価を受け取るとされている。

各メディアの生成ＡＩに対する対応はこのように分かれており、アメリカ主導の生成ＡＩの開発、改善には一定の制約がかかるのは目に見えている。

治安維持法に似ている中国のＡＩ規制

このように自由主義陣営において生成ＡＩの開発や使用に制限がかかる一方で、中国が開発と使用のアクセルとブレーキを好きなように使って研究を進め、使用していけば、その競争の最終的な勝者はモラルなど気にしない中国になるのは明らかである。

実際、中国では2023年8月15日から「生成式人工智能服务管理暂行办法（生成AIサービス管理暫定規則）」という管理規則を施行し、管理を強化した。日本でも各媒体で報じられたが、重要なのは4条である。

〈生成式人工智能服务管理暂行办法（生成AIサービス管理暫定規則）〉

4条：生成式人工知能サービスの提供および利用においては、法律および行政法規を遵守し、社会的な公徳と倫理を尊重し、以下の規定に従う必要がある。

（1）社会主義の核心価値観を堅持し、国家政権の煽動や社会主義制度の転覆を促す行為、国家の安全と利益を危険にさらし、国家のイメージを損ない、国家の統一と社会の安定を破壊する行為、テロリズムや過激主義を宣伝する行為、民族の憎悪や差別を助長する行為、暴力やわいせつな情報を宣伝する行為、および虚偽で有害な情報など、

法律および行政法規で禁止されている内容を生成してはならない。

以上のように、4条1号では生成AI製品やサービスを提供する場合、社会主義の核心的価値観を反映する必要があるとしている。社会主義制度を転覆するようなコンテンツは含まれてはならないと定めており、生成AIを提供する段階で強力な規制をかけている。

日本には戦前、これに似た法令があった。悪名高き治安維持法で、国体を変革すること、私有財産制度を否認することを目的として結社を組織するなどした場合、懲役または禁錮刑に処せられるとされていた。

もちろん、生成式人工智能服务管理暂行办法（生成AIサービス管理暫定規則）には肖像権やプライバシー権の侵害を禁止する項目が同条4号に規定されてはいる。しかし、本質は1号であるのは明らか。この法令から中国では生成AIという最新の技術を反政府、反国家のために使用することを許さず、一方で技術として高めていくことが可能となる。

人権抑圧国と民主主義国が技術開発競争をした場合、人権保障という頸木《くびき》のある民主主義国家が敗れることはよくある話だ。

中国がこのような態度に出るのであれば、アメリカも綺麗事ばかりは言っていられない。現時点での優位性を保たなければいけないが、とはいえ暴走させるわけにもいかない。そのあたりの匙《さじ》加減は非常に難しい。

2023年8月になって、バイデン大統領は半導体やAIなどで中国への投資を規制する新制度の導入を明らかにした。すでに実施されていた先端半導体などの中国向け輸出規制を強化し、安全保障上、深刻なリスクをもたらす技術や製品にかかわる投資を禁止し、それ以外の特定の取り引きも政府への届け出を義務づけるというもの。

開発企業に首輪をつけ、檻の中では自由に活動をさせるというイメージである。檻の外の中国とは接触させない。それがアメリカ政府を含むG7の基本的な考え方と言えるのではないか。

リスク　チャンス

米中の生成AIへの対応の違いを理解する

リスク10 悩めるグローバル企業

税金・規制という逆風の中で生き残りは困難

ＡＩを中心とした新たな文化創造や技術革新に期待する声は強い。エヌビディアはＡＩのロジックチップを、アマゾン、アップルなども独自のロジックチップ、および生成ＡＩをつくろうとしている。

バイデン大統領は２０２３年７月、「責任あるＡＩ技術の開発」を目指して、目下その中心となる７つの企業と合意形成を行なった。それは、各社が開発した新サービスの発売前の段階で、外部専門家による検証やリスク評価を行なうという内容だ。安全性と信頼性をそれによって担保しようという意図である。

７つの企業とはアマゾン、アンスロピック、グーグル、インフレクションＡＩ、メタ、マイクロソフト、オープンＡＩである。ただし、この合意はあくまでも各企業の自主的な取り組みによるものであり、それぞれの意中の分野のなかで各社の良心・良識が問われていくことになるだろう。共同開発ではなく、開発競争であることに変わりはないのだから。

半導体産業も同じである。そもそも半導体産業は、じつは大きく2つに分けられる。ハードウェアの部分である半導体生産を行なうファウンドリと、開発・設計に特化したファブレス。半導体の生産設計、ファウンドリとファブレスを一つにまとめて、これら全部が成長していくとは考えられず、当然、企業によって差異が生じてくるのである。

世界各国から税金を取られる

グローバル企業を悩ませるものに国際課税のルールがある。これが今後は、多国籍企業にとって厳しい展開となりそうなのだ。

要するに租税回避と税源浸食の問題なのである。わかりやすく言えば、企業は各国にそれぞれ定められた税金を支払いなさい、ということ。こうした問題は一般にBEPS（Base Erosion and Profit Shifting＝税源浸食及び利益移転）と呼ばれる。

多国籍企業がやりたい放題やって儲けているのを、各国が指を咥《くわ》えて見ているはずもなく、日本でも2012年にBEPSプロジェクトが立ち上げられた。

この問題はG20が主戦場となり、「G20（財務大臣・中央銀行総裁会議）の要請により策定された15項目の『BEPS行動計画』に沿って、国際的に協調してBEPSに有効に対処していくための対応策について議論が行われ、平成27年（筆者注・2015年）9月に『最終報告書』がとりまとめられました（同10月にG20財務大臣・中央銀行総裁会議（於：ペルー・リマ）、11月にG20サミット（於：トルコ・アンタルヤ）に報告。）」（国税庁ホームページ「BEPSプロジェクト」）という経緯をたどった。

アマゾンを例にとると、倉庫がある地域を恒久的活動拠点として認定し、これまで払っていなかった税金を今後はしっかりと支払えということになったのだ。この方式を各国が他の多国籍企業に拡大していくのは当然であろう。

このように世界中の国が、多国籍企業に税負担を求めていく流れとなった。税を徴収されることで、今後は企業活動そのものに各国からの制限がより一層かかる可能性も生じる。

「旧き良きグローバルマーケット」の消滅

多国籍企業への規制が強められている証左として、さまざまなIT企業が独禁法違反で提訴されていることが挙げられる。

インドでは、２０２２年7月に中国のスマートフォン大手ｖｉｖｏの資産を差し押さえた。インドメディアはｖｉｖｏの現地法人が納税を回避し、中国に不正に送金したと伝えている。

また、２０２３年2月には２００以上のアプリを追放、その大半が中国に関係しているという。これは主にギャンブル系のアプリとされている。ギャンブルがけしからんということで追放したのではなく、胴元がインドで挙げた稼ぎの「みかじめ料」を払わないから追い出したということだろう。

こうした動きは税の徴収という国家財政の一大事であるため、各国とも妥協はしない。これはある意味、インターネット社会の変化が、現実社会の人びとのナショナリズムの高まりを体現していると言えるかもしれない。

ヨーロッパではＧＤＰＲ（ＥＵ一般データ保護規制）によって、個人情報に関する規制が厳しい。ＥＵ圏内で手に入れた個人情報をＥＵ圏外に持ち出せない。

ＧＤＰＲがある以上、企業は扱うデータを各国にローカライズしていかざるをえない。

これまで世界のＩＴ企業はプラットフォームだけつくり、ローカライズせずにスタンダードで事足りていたものが、それぞれが子会社化、現地法人化など、さまざまな形で展開していかねばならない。それが大きな流れと言っていい。

グローバルマーケットはそもそも「ヒト・モノ・カネ」の移動の自由化が前提だった。それが、多国籍企業の「やりたい放題」防止のためにさまざまな壁を各国がつくらざるをえなくなってしまった。徴税システムやルールがなかったとはいえ、それをいいことに大儲けしてきた多国籍企業にも非があるだろう。

もはや「旧き良きグローバルマーケット」は消え失せたのだ。日本にはまだ念仏のようにグローバル化を唱える経営者や評論家が多いが、実態はそう簡単な話ではないと認識する必要がある。

リスク　チャンス

規制の本質を知れば、グローバル企業の将来性がわかる

リスク11　EVの死角

クルマはコモディティではない

メディアで伝えられるニュースを見ているだけでは実感できないと思うが、ＥＶバブルはすでにピークアウトしている。

一般にはまだ、テスラの電池技術がもてはやされていて、今後の主役となる順風満帆の商品のように見えている。つい先日も日産自動車が、テスラ方式と呼ばれるＮＡＣＳ(North American Charging Standard）という北米充電規格を２０２５年から米国で採用することを発表した。

しかしこのテスラの電池技術には、見落としてはならないデメリットが存在するので、早晩、やはりトヨタの全固体電池の敵ではないということになると私は見ている。

そもそもテスラのＥＶには、自動車にとって最も重要な安全性についての疑問が残る。それはこのＥＶの構造から見えてくる開発志向に表れている。

ボディやシャーシは軽いアルミダイキャスト製で、それぞれ一体成型したパーツを溶接してできている。そこにユニット化された電池とシステムを搭載するので、修理時にはユニットごとの交換が必要になる。つまりこれは、「EVはコモディティ」という思想で出来ている。テスラのクルマは、家電製品の延長でしかないのだ。

これまで伝統ある自動車メーカーはそうしたコモディティのような自動車には参入してこなかった。それこそは自動車メーカーのプライドであり、製品に対する信頼の裏付けであった。

ところが、中国ではそのような往年の経験と歴史を持つ自動車メーカーがないことから、新興のEVメーカーはコモディティカーをつくることに何のためらいもない。プラットフォームのうえに何を載せるかだけだから、大した技術を必要とせず素早く完成させられる。あえて申し上げればゴーカートをつくるのと大差ないと言えよう。

そのようにつくられたテスラの700万円の新車を軽くぶつけてへこませたらどうなるか。へこんだのがボディでもシャーシでも修理ができないため、総取り換えになるから修理代は500万円を優に超えるであろう。

また、事故を起こさないように慎重に乗り続けたとしても、いずれは電池の寿命が来て交換が必要になる。それが安くても230万円から300万円かかる。

この2点を考えただけでも、テスラのEVは使い捨ての家電製品と変わりない。一般の消費者は使用して10年経った家電製品を直そうとは思わないだろう。だが、その都度買い換えるにしても値段が非常に重いのである。

リチウム電池が引き起こす大火災

EVの安全性に関しては、ほかにも懸念点がある。もしもEVが発火したら、簡単には消火できないことだ。実際、EVの発火による大惨事が起きている。

2022年2月、商船三井の自動車運搬船「フェリシティ・エース」がフォルクスワーゲンの高級車など約4000台を積んで大西洋（ドイツからアメリカ行き）を航行中、ポルトガルのアゾレス諸島沖で船内火災に見舞われた。船員は安全のため下船したが、容易に鎮火せず、EVのリチウムイオン電池の発火によるリチウム火災ではないかと疑われている。4000台のうち1100台がポルシェ、残る2900台はVWブランドの車、アウディ、ベントレー、ランボルギーニと高級車ばかりで、車両の被害額は4億ドル（約46

0億円）を超えると試算されている。

さらに2023年7月には正栄汽船所有の自動車運搬船「フリマントル・ハイウエー」がオランダ沖を航行中に船内火災を発生させた。こちらはメルセデス・ベンツグループ製の自動車約300台を含むとされ、合計3783台を積載、そのうち498台がEVと報じられた。当初は25台と報じられたが、その後、20倍近くのEVが積載されていることが判明し、消火が困難であることがわかった。

EVは、一度火がついたら電池が燃え尽きるのを待つしかない。運搬船内で発火すれば、手がつけられない状態に陥る。2年間で2件、大きな事故が発生したから、今後は保険や輸送に制限がかかってくるのは間違いない。

なにも海の上だけの話ではない。韓国の現代（ヒョンデ）のEV「アイオニック5」が、高速道路上で事故を起こした直後に車両が燃え上がり2時間近く鎮火できなかったという事故が2022年12月に発生した。このようにEVは衝突でも爆発するし、過充電でも爆発する。とにかく衝撃に弱いのが現在のリチウム電池の特徴と言える。

小型のリチウム電池ですら、飛行機内の持ち込みには制限がかかっている（機内預けは禁止される場合が多い)。大きなリチウム電池を搭載したEVを船で大量に運ぶのは危険だというのは子供でもわかる。仮にビルの地下の駐車場で電気自動車が爆発したら、とてつもない被害が出る。今のままだと、世界のどこかで大惨事が起きるのは間違いない。そうなって初めてEVの危険性に気づくことになるのでは遅いのだ。

また、もし現在の化石燃料で動いている自動車をすべてEVに置き換えようとすると、その分のリチウムイオン電池の製造のために、世界の埋蔵推定量の3倍にあたる金属リチウムが必要だと言われている。「EVはSDGsを体現化した乗り物」などと言われるが、いかがなものだろう。

これらの一連の問題を受けて、欧米でもこれまで絶対正義であったEVに対する見方が変わりつつある。リスクが高すぎるのである。このため、「2035年までにガソリン車の新車販売禁止」目標の見直しが起きており、トヨタの全方位戦略がプラスに働く可能性が高い。

リスク　チャンス

トヨタの全方位戦略は正解

Column 「第2の9・11」を未然に防げ！

自動車に関してはもう一つ注目すべき点がある。

アメリカのピート・ブティジェッジ運輸長官が「国内で中国の自動運転技術を排除する」という発言をした。これには、中国が自動運転技術を握ることが交通上だけでなく、国防上の安全も侵害しかねないからと言われている。

仮に中国政府が、アメリカ国内を走り回っている中国製の自動運転技術を積んだ車をハッキングしてロックをかけたらどうなるか？　道路上で車は一斉にストップして交通が遮断され、都市機能が麻痺してしまうだろう。

あるいは信号機の右折の指示を、すべて左折するように指示を出せば事故を同時多発的に発生させることができる。「第2の9・11」はこうした方法で行なわれかねない。

今は安全であっても、アップデートを通じてファームウェアを変えられたら「トロイの木馬」になりうる。それを排除する目的で中国製の自動運転技術をアメリカ国内に導入させないと運輸長官が言い始めたということである。

中国製ＥＶは中国が開発したＡＩしか積んでいないので、国家の安全保障を考えれば当然の措置と言える。

リスク12　混迷するSNS

「X」は総合プラットフォームになれるか？

ＳＮＳ関連は変化のスピードが速い。電脳空間のサービスの栄枯盛衰は、もはや1年毎ではないかと思える。その昔、インターネットが一般化する前はニフティーサーブというパソコン通信サービスが人気を博したが（２００６年に通信サービスがすべて終了）、今の20代にそれを知る人はいないだろう。

ミクシィ（mixi）が流行したのは２０００年代初頭だが、２０１０年ごろにはもう話題に上らなくなった。今もサービスは継続しているものの、どれだけの人が利用しているのか。あまりに衰退したため、一周回ってこの先、20代が注目するのではという声もあるが、基本的にはオワコンである。それに代わってフェイスブック（Facebook）が人気を集めたが、実名登録という壁があり、現代の10代、20代の利用比率は低い。

では今、一般化しているＳＮＳをみてみよう。

若者の支持はともかく、現代の日本で最も影響力の強いＳＮＳはＸ（旧ツイッター）だろう。2020年の大統領選をめぐりトランプ大統領（当時）のアカウントを凍結。その後、テスラの創業者イーロン・マスク氏が買収し、大幅に人を入れ替えてリベラルな社風をコンサバティブに変えたと言われている。その後、「X」という名のプラットフォームに変え、投稿を示す「ツイート」という言葉も「エクスズ（x's）」に変更するとした。

せっかく世界に浸透した青い鳥とツイッターというブランド名やシンボルを変更するのは勇気がいるだろうが、マスク氏にすればこだわるほどの名前でもシンボルでもないと判断したのかもしれない。

そもそもツイッターは、従来のプラットフォーム自体では利益が出ない構造だ。そこでティックトック（TikTok）のような機能を持たせたり、決済機能を持たせたりして、金融モデルに変えようとしているのが現在の状況である。

では、なぜティックトックでビジネスが成立するのか。これはティックトックから通販などに誘導し、そこからアフェリエイトで稼ぐ「連動買い」が可能だからだ。

ところが現状のXにその機能は存在しない。そのため総合プラットフォームにして金融決済機能を持たせ、手数料を稼げるように改造するというのが、イーロン・マスクの目論見らしい。あくまでもマスク氏の言い分なので、それがうまくいくかどうかまでは現時点では不明だ。

メタの「スレッズ」はすでにオワコン

メタが2023年7月6日にリリースしたスレッズ（Threads）は、公開から5日で利用者が1億人を超え、凄まじい勢いで伸びるかと思われた。ところがユニークユーザー（一定期間内に特定Webサイトを訪れた実人数）は瞬く間に減少していった。同月28日にメタのマーク・ザッカーバーグCEOは、「利用者が半分以下になった」と従業員に向けて話す。これがロイター通信で報じられ、その凋落ぶりが明らかになった。

そもそもスレッズ独自のアカウントはつくれず、インスタグラムからのアカウント作成しかできないという点でお粗末だ。急激な引き潮に焦ったのか、「フォロー中」「おすすめ」という個別フィードを追加し、投稿の翻訳機能も拡大したが、それができるならなぜ最初からしなかったのか疑問に思う。

ユーザーにすれば面白半分でアカウントを作成したものの、Xを上回る機能がなく、旨みがないと判断した人がほとんどだったようだ。よく言われることだが、ＳＮＳでも通販でも、他を上回る小さな機能が１つでもあれば、それがアドバンテージとなる。「こちらは、この部分が使い勝手がいい」という比較優位の積み重ねで流行り廃りが決まると言っていい。

前出のｍｉｘｉは足跡機能の廃止が致命傷になったと言われている。ほんの小さな改悪が、プラットフォーム全体の衰退につながる世界なのだ。

そういう目で見ると、スレッズは公開１か月もしないうちにオワコン確定と言っていいのかもしれない。現実、筆者の周囲でも使っている人はほとんどいない。２０２４年に消滅しているかはわからないが、トレンドにならないのは間違いないと思っている。

ＧＡＦＡＭの一つであるメタがつくったから一気に定着するというほど甘い世界ではない。ＹｏｕＴｕｂｅがＹｏｕＴｕｂｅショートのようにティックトックに近いものをつくっても、うまくいかないのは同じ理由だろう。

リスク　チャンス

ＧＡＦＡＭの新サービスでも簡単に信用しない

リスク13 「ネトフリ」の葛藤

プラットフォーマーの淘汰が始まる

ニュースを見るならＹａｈｏｏ！ニュースかＸ（旧ツイッター）、暇つぶしにはＹｏｕＴｕｂｅ、あるいはネットフリックス（Netflix）という人が増えている。テレビを置いておくだけでＮＨＫの受信料（１か月１２２５円、２０２３年10月からは１１００円）がかかる。置かなければ年間で１万円以上の節約になるのだから、一人暮らしの若者には小さくない出費なのだ。

どうせ見ないテレビに月に１０００円以上かけるなら、ネットフリックスのベーシックプラン９９０円にと考えるほうが自然である。

しかし、ネットフリックスなどのプラットフォーマーも安泰とは言えず、当面は淘汰が進むと考えられる。理由は簡単で、プラットフォーマーの多さに比べてコンテンツが足りないからである。「ディズニープラス」さえもが「フールー（Hulu）」との接近を図っていると見られる。ディズニーの持つコンテンツだけではやっていけない状況を迎えていると見るべきだろう。

日本国内でもドコモの動画サービス「ｄＴＶ」が「Ｌｅｍｉｎｏ」と名称を変更した。同時に料金も９９０円にして、「フールー」と横並びにした。ツタヤは、「ＴＳＵＴＡＹＡ ＴＶ」を２０２２年６月14日をもってサービス停止とした。どこのプラットフォーマーもコンテンツ不足で困っている。

プラットフォーマーが生き残るためには、そこにどれだけ優秀な店子《たなこ》を入れられるかにかかっており、いい店子を確保して初めて、優れた収益モデルをどうつくるかという話になる。

現時点で生き残るのではないかと思われるのが「フールー」と「ネットフリックス」で、「フールー」はおそらくディズニーと一体化すると見られている。これから店子の奪い合いで国内も含めて淘汰が進んでいくのは間違いない。

これまではプラットフォーマーが幅をきかせていたが、今はコンテンツホルダーのほうが優勢である。コンテンツが足りないから、高くても買いたいという売り手市場になっているためだ。

これは、ネット上の問題だけではなく、地上波などのレガシーメディアでも同じだ。映画製作会社とプラットフォーマー。そして、テレビ局とプラットフォーマー。レガシーメディアとの関係においても、大きな変化が起きている。

従来のマスメディアにおいては地上波が圧倒的な優位性を保っていた。垂れ流し状態になっており、いつでも誰でも見られる。ところがスマートテレビは最初からコンテンツを見られる、ストリーミングが見られる条件が設定されている。従来のテレビのように目当ての番組が始まるまで待つ必要がない。リモコンボタンに「ネットフリックス」ボタンがあるという事実だけでも、レガシーメディアとの力関係の変化がわかる。

オリジナルコンテンツでの厳しい戦い

地上波とストリーミングの壁はほとんどなくなってきて、同じ悩みを抱えている。地上波は地上波で広告収入の落ち込みが主要因で制作費が稼げず、従来の「視聴料無料・CMあり」モデルが成立しなくなってきている。逆にストリーミングは仲間内の過当競争が始まっている。そうしたソフト優位の状況ゆえに、過去の優良コンテンツを持っているところは完全にコンテンツで食べていくビジネスモデルが成立している。

このように、需要と供給のバランスの変化がコンテンツとプラットフォーマーとの関係を大きく変えた。この関係をパソコンのハードとソフトの関係に置き換えて考えればわかりやすい。

Windows95が発売され爆発的な人気となった1995年、日本ではまだハードのほうがさまざまな面で優勢だった。パソコンを作っていたのがソニー、東芝、NECなど当時の世界的大企業。たとえば、ソニーの1995年の売り上げは3兆9905億円（同社発表、グループ全体）。一方、マイクロソフトの同年の売り上げは59億ドル、当時のレートは概ね1ドル＝95円だったから、大体5600億円になる。

世界を席巻していた日本のメーカーの当時の認識は、「世間で流行りの『窓』とかいうソフトをうちのパソコンに入れてやってもいいか」という感じだったのかもしれない。

あれから28年の月日が流れた。ソニーの2022年の売り上げは11兆5398億円と3倍近くに増えた。それはそれで立派な話ではあるが、マイクロソフトの同年の売り上げは概ね1983億ドル、1ドル＝120円で計算すると、23兆8000億円。両者の力関係は、ハードとソフトの力関係の逆転と考えていい。

この先、プラットフォーマーが生き残るためには、他社との差別化が不可欠だ。ネットフリックスで言えば、2023年1月時点でオリジナルのドラマと映画は世界で875本になるという（「Netflix の日本発オリジナルは、質に磨きをかけるべく『制作の密度』で勝負する」『WIRED』）。当然、そのコストが負担になり、コストに見合う収益が得られるかが問題になる。

作品の公開を自国に限定すれば、それなりにコストカットできるのだろうが、それだとコンテンツ不足の根本的な解消とはならない。逆に視聴者側にすれば、オリジナル作品が一度提供されれば、質と量ともに「もっともっと」とハードルを上げてくる。コンテンツの質が伴わなければ、「やっぱりテレビにはかなわないな」と、せっかく引き込んだユーザーをむざむざテレビにお返しすることになりかねない。そう考えるとネットフリックスをはじめとするプラットフォーマーは、今後いばらの道を歩むことになろう。

リスク チャンス

コンテンツを制するものが、ビジネスを制する

リスク14　量子コンピューターバブル

光半導体技術で日本が世界のトップになる

これからの技術革新の先導役となるのが量子コンピューターだ。これは、従来のコンピューターと全く異なる概念、仕組みで成り立っており、産業革命並みの変化をもたらす演算速度を実現すると言われている。

現在、注目される開発中の二大技術がある。一つは非常に速い演算技術、もう一つは、既存の技術の発展形としての光半導体だ。後者はNTTが主導し、マイクロソフトやインテルなど世界的半導体企業が協力している。

特筆すべき点として、これまでの半導体とは異なり、消費電力を大きく低減できる。スマホなら1回充電すると1年ぐらいは使えるようになるという。消費電力の低減のみならず、発熱を伴う構造を持たないので非常に速い演算が可能になる。

NTTでは、スマホなどのデバイス内から長距離通信網までの信号処理を光で行なう通信基盤「IOWN（アイオン＝Innovative Optical and Wireless Network）」構想の実現に向けて動いている。「2024年の仕様確定、2030年の実現をめざして、研究開発を始めています」（「IOWN構想とは？」『NTT　研究開発』）と同社のホームページ上で説明している。

この技術によって、「死の谷」と呼ばれる電気における限界を超えることが可能となり、一般化できれば、日本の半導体は、再び世界一の座に返り咲くことが予想される。「6G」の段階での実用化が大いに期待されている技術である。

2020年には「IOWNグローバルフォーラム」を設立し、2023年4月の時点でノキア、マイクロソフト、NEC、富士通、トヨタ自動車など118の企業・団体が参加している。TSMCが日本に進出（熊本県菊池郡菊陽町）したのは、この技術に参入したいという側面もあることは覚えておきたい。

日本が6Gの覇権を握れるか

じつは光半導体計画が国産半導体計画の呼び水となっている側面も強い。台湾のTSM

Cの日本への工場進出は、日本の半導体製造装置メーカーなどとの関係強化を目的としているとされている。

そして、これは夢物語ではなく、次世代の通信規格である6Gとも深く関係している。

ほとんど報じられていないが、2022年9月30日、これは通信の未来を決める歴史的な記念日になった。通信規格を決める国際機関である国際電気通信連合（ITU）の事務総局長と電気通信標準化局長の選挙が行なわれたのである。ITUは2015年から中国が事務総局長を出しており、ファーウェイなどの規格の採用もこれが大きな要因となっていた。

しかし、この選挙で事務総局長を米国、電気通信標準化局長を日本（尾上誠蔵《おのえせいぞう》氏）が勝利し、通信規格の主導権を中国から取り戻したのである。

そして、現在、6Gまでの中間規格である5・5G（2025年実用化予定）の規格化が進んでおり、6G（2030年実用化予定）の規格化も始まっている。

6Gに対応するには半導体の高速化が必須であり、光半導体がその主役になると期待されているわけだ。

さらに、この過程で通信規格の分化が起きる可能性も指摘されている。中国ファーウェイに米国規制がかかり、次世代技術へのアクセスに制限が生じている。このため、中国側は独自の規格を進めようとしており、かつての、NTT大容量方式とTACS方式のように、複数の規格に分化する可能性が指摘されている。

リスク チャンス
光半導体がもたらす恩恵を逃すな

Column　意外に知られていない？ 国際的金融セーフティネットの効果

２０２３年後半の世界において、アメリカを含む先進諸国がバブル退治にやっきになっている一方で、日本は変わらず異次元の緩和策を維持しているが、この点について再び触れておこう。

現在、世界中でバブルが発生していることを、各国の金融当局は認識している。アメリカ当局は、新たな資本規制をかけることで、資産の見直し等によってデレバレッジ（レバレッジ取引を解消すること）を進めようとしており、ソフトランディングへの道を模索している。バブル経済をソフトランディングさせるというのはある種、理想の形ではある。

２００８年に起きたリーマン・ショックのころは、国際金融市場は新自由主義の旗の下、金融自由主義が完全に機能するマーケット状況だった。

したがって、投資銀行は、政府から資金を受け取らない、中央銀行からプライマリーディーラー（ニューヨーク連銀が公認する中核的な政府証券ディーラー）のような融資を受けられない、その代わりに「自己資金の運営だから政府に口出しさせない」という仕組みになっていた。そのため、自己売買が可能だった。

要するに、客から集めた資金で、自由にマーケットで振舞うことができた。これがリーマン・ブラザーズ、ゴールドマン・サックスといったアメリカの投資銀行の特質だった。

ところが、リーマン・ショック以降、アメリカの投資銀行はＦＲＢ（連邦準備制度理事会）から融資を受け、プライマリーディーラーの一部になり、金融システムの中に組み込まれていった。首輪をつけられたかわりに、餌は確実に貰える。つまり「首輪につけられたリードの届く範囲で自由に活動できる仕組み」に投資銀行をはめ込むのがリーマン・ショック以降の国際金融の大きな流れである。

次におかしくなったのはクレディ・スイス銀行だ。一時は1兆5000億スイスフラン（約201兆円）を超える運用資産を誇ったが、アルケゴス・キャピタル・マネジメントの破綻のあおりを受けて一気に傾き、UBS（スイス・ユニオン銀行）に買収された。これはスイス当局の指導に基づくもので、金融危機を避けるための救済合併であった。

世界でも指折りの銀行が破綻したこれらの事件は、今後も銀行の淘汰、合従連衡《がっしょうれんこう》が必ず起きてくることを予見させる。

このようなことが起きるのも、「国際的な金融危機が起きないように」という、政府によるハンドリングが進んでいることを暗に示している。中央銀行間においても、FRBなど主要6中央銀行のスワップによって、世界中の通貨危機が起きない状況を生み出している。

現在、世界の新興国の半分はデフォルト状態にある。その上さらに通貨危機に陥るのは、エクアドルなど西側と関係の悪い国、つまり救済の対象とならない国だけで、それだけ国際的な金融のセーフティネットが機能していると考えていい。

リスク15　五輪神話の崩壊

飽和化する国際スポーツイベント

リスク13でコンテンツがプラットフォーマーより優位になる仕組みを説明したが、すべての面でコンテンツが優位になっているというわけではない。

2023年のサッカーの女子W杯において、日本国内のテレビ中継がなかなか決定されなかったことは記憶に新しい。FIFA（国際サッカー連盟）はもちろん、自社の有力コンテンツとして売りに出したのだが、プラットフォーマー（日本のテレビ局）側が「そんなに高いのならいりません」と購入しなかったのだ（最終的にNHKが日本戦などを中心に放映権を獲得した）。

かつては花形だった世界のビッグスポーツイベントでさえ、コンテンツとしての魅力が薄れつつあり、無理してまで放映権を獲得しようというモチベーションが失われつつあるという事実は、指摘しておかなければならないだろう。

今の若い人に言っても信じてもらえないかもしれないが、かつて五輪はプロ選手が出場できないアマチュアの祭典だった。近代オリンピックの第1回マラソン優勝者スピリドン・ルイスは、売るための湧き水を街に運ぶ肉体労働者だった。

プロ解禁が決定したのが1974年で、この年に五輪憲章から「アマチュア」という言葉が削除された。1984年のロサンゼルス大会のサッカーでは、ワールドカップに出場していないという条件の下にプロ選手の参加が認められ、実際に出場している。

超一流のプロ選手が出場した最初の大会が1988年のソウル大会で、女子テニスのシュテフィ・グラフ選手（旧西ドイツ）が金メダルを獲得した（「オリンピズムってなんだろう」『公益財団法人日本オリンピック委員会』）。

アマチュアの大会であったころのオリンピックは商業主義とは無縁で、競技が増え、大会が大規模化するにつれ、開催都市、開催国の経済的負担が大きくなっていった。

1976年のモントリオール大会では当時のモントリオール市、市があるケベック州、そしてカナダの連邦政府がおよそ1兆円の負債を抱えることになり、完済したのは大会からじつに30年後の2006年だった。

そうなると、各国、各都市が招致に二の足を踏むことになる。というわけで、商業主義五輪に切り替える下地が揃った。商業主義五輪の始まりは1984年のロサンゼルス大会であった。陸上のカール・ルイスなど世界的なスター選手を看板に、これまでにない営業活動が推進された。テレビ放映料、スポンサー協賛金、入場料収入、記念グッズなどを収益の柱に、ボランティアを使うことで大幅に人件費を削減し、400億円の黒字を出すことに成功した。

この成功はそれまでの五輪のあり方を一変させた。商業主義がピークに達したのが1996年のアトランタ大会である。近代オリンピック100年目の節目にアテネではなくコカコーラの本社があるアトランタでの開催というのがそれを象徴しており、「コカコーラ五輪」という呼び方も出たほどである。

近年では商業化モデルが進みすぎたことで、逆に大会そのものの成功が難しくなってきた。特に参加国が少ない冬季大会は、開催地候補として手を挙げる都市がなくなりつつある。

世界的に雪が降らなくなっていることに加え、スキーのコース造成のために森を切り拓くなど環境面で批判が大きいという向かい風が、商業主義への批判に伴って、より強く吹いているという見方もできる。

放映権料の高騰にメディアの集金力が追い付かない

要するに五輪は、商業主義的に見ると費用対効果が合わなくなったということだ。何よりコストがかかりすぎる。

今後も五輪を続けていくのならば、本来スポーツの祭典が商業主義化、エンターテイメント化する必要があるのだろうか、そのような本質的なところから考え直す必要があるだろう。

サッカーの女子W杯の放映権問題もその流れでとらえるとわかりやすい。FIFAは日本のテレビ局に放映権として116億円を要求したとされる。超メジャースポーツである男子の大会なら十分に回収できる金額だろうが、まだまだマイナーな女子サッカーでこの放映権を買ったところで赤字になるのは火を見るより明らかだから、民放は手を引いた。

結果、NHKが日本戦と開幕戦および決勝戦を放映するにとどまった。

ちなみに男子の大会である2022年のW杯カタール大会の放映権は350億円で、このうちABEMAが200億円、NHKが80億円、テレビ朝日とフジテレビが合計70億円を負担して、全試合を放映している（「〈116億円をFIFAが当初要求か〉『なでしこジャパンTV中継』ようやく開幕直前に…欧州、ブラジルも共通『女子W杯の正当な金額』という課題」『Number Web』）。

ここからわかるのは、日本のテレビ局にはもはや世界のビッグイベントを単独で買う力はなく、また、その金額を回収する力もないということである。代わって力をつけたのがネットであり、2022年のカタールW杯はテレビとネットの力関係の逆転を示す象徴的な事例として後世に記憶されるかもしれない。

各競技のW杯が毎年入れ替わりで開催される

五輪やW杯では政治的な問題も見過ごせない。

たとえば、2022年の冬季五輪北京大会では、中国の人権問題に絡んで、欧米各国が外交的ボイコットをする事態になった。人権抑圧国が平和の祭典である五輪やW杯を開催するというのは何ともおかしな話である。

これはカタールでのW杯でも問題となった。

大会に向けてスタジアムの工事などを行ったが、スケジュール的に全く間に合わないような作業量だった。ところが、請け負った中国の国有企業が労働者を世界中から集めてきて、炎天下で24時間体制で奴隷のように働かせた。その結果、少なくとも6500人（1万数千人という説もある）が亡くなったと言われている。それができる国だから、できたのかもしれないが、まともな人権国家では極めて難しい。

そもそも間に合うように取り組まない政府の甘さがあるとはいえ、規模を縮小するなど、あり方そのものを見直さない限り、こうした問題はなくならない。少なくとも、今までのようなやり方は、もう不可能に近い。その点でも限界に近づいていると言える。

そして20世紀には成立していた五輪やW杯のビジネスが、21世紀の今、あやしくなっているのは、こうした大会の乱立が一因となっている。20世紀、少なくとも昭和の時代には、人びとの認識の中にはオリンピックしかなかった。あとは、サッカーのW杯を熱心なファンが話題にしていた程度だろう。
ところが今は、世界的なイベントに事欠かない。ラグビーやバスケットボールのW杯、世界陸上、WBCなど、さまざまな大会がほぼ毎年入れ替わりで行なわれている。これだけスポーツの世界大会が充実してくるということは、見方を変えれば多様性の実現である。人びとに「右向け右」と言っても右を向かない人が増えてくるのは仕方がないことなのだ。

リスク チャンス

五輪バブルには期待しすぎない

Column　砂糖とカカオ豆の値段はまだまだ上がる

２０２３年は砂糖とカカオ豆の価格高騰が著しくなっている。カカオ豆に関しては先物市場で1トン２５５５ポンド（約46万６０００円）と46年ぶりの高値となったことが日本経済新聞などで報じられた。

これはカカオ豆の主産地のコートジボワールで発生した洪水が原因とされている。当たり前だが、農産物は天候の影響を大きく受ける。しかし、価格高騰の背景には世界的な食糧不足という要因も否定することはできない。

食糧不足時代の到来を最初に予測したのは、18世紀末に『人口論』を発表したマルサスである。マルサスは、食糧は算術級数的に増えるのに対し、人口は幾何級数的に増加するため、いずれ食糧が不足する、そのため人口の抑制が必要と説いた。２００年以上の時を経て、われわれはマルサスの言葉の重みを感じ取っている。

これまで世界が幾何級数的に増加する人口に食糧面で対応できたのは、技術革新がそれより早かったからと言っていい。それでも国連の統計では最大7億8300万人が十分な食料を得ることができておらず、51か国で4000万人以上が人道的危機またはより深刻な飢餓に陥っているとされる。SDGs絡みで耳にする機会も多いだろう。

こうしたことが起きるのも、人口増加に技術革新がもはや追い付かず、予定より早く資源限界が到達した結果とも言えそうだ。

政治で動く先物市場

一方、砂糖価格の高騰はカカオ豆とは事情が異なり、完全な〝政治案件〟である。

ロシアからウクライナにかけての農作地域では甜菜《てんさい》（ビート、砂糖大根）の生産が盛んだ。2021年（ウクライナ侵攻前年）の世界の甜菜の生産量を見ると、1位がロシアで、ウクライナは8位にランクされる（FAO＝Food and Agriculture Organization of the United Nations＝国際連合食糧農業機関資料）。

ビートは基本的に全部「F1種」である。「F1種」は一世代型で、種を北欧から買ってきて栽培するしかない。

採れた種を蒔いて育てても「F1種」にはならず先祖返りしてしまうのである。このビート、すなわち砂糖大根の種が、ロシアは戦争で買いつけができない状態になっているし、ウクライナも戦闘状態にあって、生産まで手が回らない。

ビートの種を蒔き、苗にして植えていくのが2月から3月で、2022年にロシアがウクライナ侵攻を開始した時期にあたる（ロシアの侵攻開始は2022年2月24日）。

その影響があって生産量が減少していると思われる。人口の幾何級数的増加でじわじわと食糧不足が進み、一方で政治的な案件が加われば、先物市場が荒っぽい動きになるのは目に見えている。そのあたりは世界情勢にも気を配る必要がある。

Column

世界と経済が学べるオススメ映画②

『インサイド・ジョブ 世界不況の知られざる真実』（2010年 チャールズ・ファーガソン監督）

リーマン・ショックに至る世界的金融危機の経緯と実態を政治家や大学教授、金融業界の当事者などへのインタビューを交えて伝えるドキュメンタリー。マット・デイモンがナレーションをしていることでも知られ、2011年の米アカデミー賞で長編ドキュメンタリー映画賞を受賞した。

1990年代に登場したデリバティブ商品が人気を呼び、2000年以降にCDO（Collateralized Debt Obligation＝債務担保証券）が注目され、格付け会社が高い評価を与えたことで資金が集中。非富裕層向けのサブプライムローンによって、住宅ローンの貸付額も増大する。米国版バブルに沸いた時代、ウォール街の人々は巨額の

ボーナスを手にした。

やがて、住宅ローンが回収不能になり、CDO市場が崩壊し、リーマン・ショックが発生する。金融機関の破綻を引き起こし、やっとの思いで買った家を失う者や破綻した投資家たちを横目に、これらを引き起こした各機関の経営陣には巨額のボーナスが支払われている。

こうした実態を緻密な取材と、関係者の証言で構成し白日の下に晒《さら》している。リーマン・ショックの実相が理解できると同時にCDOとは何かということもわかり、娯楽としてだけでなく知識を得るためにも役にたつ作品と言える。

マイク・カプアーノ下院議員が金融サービス委員会の公聴会で銀行経営者たちを非難した有名な言葉が胸を打つ。

「今日、あなたたちは私に『ごめんなさい、二度としません』と言いました。そうですね、私の選挙区にも実際に銀行強盗をした者がいて、彼らも同じことを言っています」

You come to us today, telling us “We’re sorry, we won’t do it again”. Well, I have some people in my constituency that actually robbed some of your banks, and they say the same thing.

第3章

「詰んだ」中国の地位を奪うインド

――日米がつき合うべき相手はどちらか？

リスク16　恒大集団の破産申請

中国不動産バブルの崩壊

中国の不動産バブルという「時限爆弾」がついに火を噴いた。

2023年8月17日、中国の不動産大手である恒大集団（エバーグランデグループ）は、ニューヨークで破産を申請、マンハッタン地区連邦破産裁判所に連邦破産法15条の適用を求めた。同法が適用されれば、米国内の資産の強制的な差し押さえなどを回避できる。同時に米国外では再建計画を進めることになる。

2022年3月21日には株式の売買が停止。2023年7月17日には会計帳簿を公開し、2021年と2022年の2年間で赤字は8120億元（約16兆2000億円）を超えたことが明らかにされていた。今回の破綻は時間の問題で、まさにファイナル・カウントダウンに突入していたのである。

恒大集団の破産申請の影響は大きく、他の不動産大手の連鎖的な破綻を招くのは確実な情勢だ。業界最大手の碧桂園（カントリーガーデン）や遠洋集団控股も大きな赤字を抱えており、デフォルトの危機を迎えている。

破産を申請した中国恒大だけで48兆円もの負債額である。当然のことながら外貨建て債務の再編計画の合意取り付けに時間がかかっており、再建は容易ではない。そして、恒大－碧桂園－遠洋と続く不動産大手の危機は、地方政府、保険、年金、信託、銀行へと波及し始めている。これまでデベロッパーの問題にすぎなかったものが、地方政府や年金保険などのセクターにリスクが拡大している。

地方政府の「隠れ債務問題」も表に出てきており、およそ1900兆円の簿外債務が大きな問題になっている。これはサブプライムのSIVを利用した債務の簿外化と同じで、デフォルトするとそれが地方政府の債務となる。この時限爆弾をリセットすることは、もはや不可能な段階になっているのだ。

土地がらみだった日本のバブル崩壊に酷似

どんなに額面資産があっても、実際にカネが動かせなければ債務は返済できない。国内向けは何とかなっても、海外向けは誤魔化しがきかない。

中国恒大などデベロッパーの外貨建て債券のデフォルトが始まっていた状況から、中国政府は価格統制の緩和を行ない、債券売買が成立する環境をつくったが、それでも買い手がいない。特に碧桂園は米ドル建て債券の利払いの履行が危ぶまれるほど財務状態が悪化しており、他のデベロッパーも似た状態にある。当然、そこにかかわる建設業者や資材納入企業にもその影響は及ぶ。

破産申請前の中国恒大だけで、債務履行などに関する訴訟が6兆円規模に達していた。それだけ手形が落ちなかった人がいるということで、もし、裏書（一種の連帯保証）していれば、裏書人に支払い責任が生じる。また、企業間で支払いのために手形をキャッチボールしているものと思われ、どこかが飛べばその裏書人も連鎖して〝飛ぶ〟ことになる。これは日本のバブル崩壊時によく見られた現象である。

2024年以降も「恒大ショック」の影響は多方面に及ぶだろう。

リスク チャンス

中国不動産とは距離を置くこと

リスク17　45%を超える失業率

高学歴でも職に就けない

中国の不動産バブルの崩壊は、実体経済にも大きな影響を与える。

リスク16で述べた通り、鉄鋼やコンクリートをはじめとした資材関連産業、住宅設備産業などに直接的な影響を与えることは必至で、失業者の増加と実体経済のさらなる悪化を招く。中国の経済指標のマイナス、特に企業物価の下落はこれに起因する。当然、銀行の企業向け貸し出しにも大きな影響を与える。

当局が公表している中国の6月末の総融資残高は銀行系が230兆元（約4600兆円）、ノンバンク系が134兆元（約2700兆円）、合計で7300兆円規模となっている。しかし、銀行の資産は確認できても、4割近くを占めるノンバンクの資産は把握しきれない。さらに、企業間や個人間の融資などシャドーバンキングも存在するわけで、それを入れると総融資残高はどこまで膨れ上がるのか見当がつかない。

中国の最大の問題は、政治面にしても経済面にしても都合の悪い事実は政府（中央、地方ともに）が覆い隠すので、問題の大きさや事態の深刻さが正確に把握できない点にある。

政府発表の数値とて、果たしてどこまで信用していいのかという危惧は残る。「白髪三千丈」の国が、実際に成長が鈍っていることを示す数値を出してきたということは、実態はさらに悪いのではないかと考えたほうがよさそうである。

中国政府が数字を公表しなくなったら？

経済崩壊が目の前に迫る状況下、中央政府が地方政府の実態すらも把握できていないことがさらに問題である。各地方政府は中央政府向けに数字をつくっている。中央政府はそれを合算し、さらに都合よく数字をつくる。粉飾企業の末期と同じ状態と言っていい。

総融資残高など、この時の発表の内容はある程度予想されたものであったが、ある事実が「発表されなかった」ことで、かえって社会不安を掻き立てることになった。

中国国家統計局が若年層失業率の公表を取りやめたのである。

政府が経済指標の発表の場で、測定方法の改善を理由に重要な指標の公表の一時停止を伝えるという事態は、いかにも中国的である。まともな企業は、中国を信用して取引をしたら痛い目に遭うに違いないと考えるはずだ。それでも公表しないことにしたのは、要するに、国家としての信頼を失ってでも、「言わぬが花」なのだろう。

中国の若者の失業率は、現在は20%程度の高水準を続けていると言われる。公表の取りやめは、その実態を隠す目的なのは間違いのないところだ。以前から若年層の完全失業率(一週間に1時間でも働けば除外)が20%を超えており、2023年6月の公式統計では過去最高の21・3%となっていた。

もっとも、これは就職活動をしている人を対象にした数字にすぎない。北京大学の張丹副教授は独立系メディア「財新」のオンライン記事で、就職活動をせず親の扶養の下にある若者1600万人を含めれば、若年層失業率は46・5%に達する可能性があると指摘する記事を、7月17日に公開した。

じつに若者の2人に1人は職がないという衝撃の事実を示唆する説である。そしてこの記事はその後、削除された。新たに高校・大学を6月に卒業した若者たちのうち、1500万人ぐらいが新たな求職者として積み増しされるという予想もあったからかもしれない。

こうした状況を考えれば、中国国家統計局の公表取りやめは、起こるべくして起きたと言っていい。

すでに現場ではホワイトカラーの賃下げが本格化したとされる。若年層の実質失業率46％という状態では当たり前と言えるが、内需が低迷する中で「高学歴人材」すら余剰人員となっている。

リスク　チャンス

大量の中国人労働者が世界を目指す？

リスク18 コメ不足

水害で取れない、禁輸で買えない

バランスシート不況に陥る中国は、世界的な資源インフレが続くなかで消費者物価、生産者物価共にマイナスになっている。

これは圧倒的に需要が低迷しているためで、不動産など高額品が売れていない影響が大きい。また、当局は金融緩和で流動性供給を行なっているが、それが預金に回るという「流動性の罠」にも陥っている。雇用と実体経済が悪いなかで消費意欲が減退している。

そこに中国を次の脅威が襲っている。首都北京などでも起きている広範囲に及ぶ水害である。２０２３年7月29日から8月2日にかけて豪雨が続き、甚大な被害をもたらした。

それは中国の穀倉地帯にもおよび、壊滅的な被害を与えた。干ばつが続き、その次に大洪水という状況に、食糧不足の懸念が強まっている。ウクライナ問題などで世界的な小麦の価格高騰が問題となっているが、さらに全体量が減少する可能性が出てきているのだから、日本とて他人事ではいられない。

この不安に拍車をかけたのがインドのコメの輸出停止だ。2023年7月20日に高級種を除き禁輸に踏み切ったが、これは輸出の増加により国内のコメ価格が高騰したことを理由としている。輸出を抑えることで国内向けを確保し、同時に価格安定を狙ったのである。

インドは世界最大のコメ輸出国で、米国農務省のデータ（2017年3月時点）によると、その量は年間1000万トンで、世界全体の25％を占める。タイがほぼ同量の2位、ベトナムが500万トンで3位で、この3か国で全体の63％を占めている。

3強の一角のベトナムも輸出の管理を強化、国内向けの供給を確保するとした。小麦が減少すればコメの需要は増加する。そして、これがさらに悪化すると考えられている。

米国農務省のデータでは、世界最大のコメ輸入国は中国で年間400万トンに達する。すでに中国の自給率は70％台まで低下しており、食糧を輸入に頼っている。

現在、デフレに伴い食品価格も下落しているが、本格的なコメ不足が襲う可能性がある。

リスク　チャンス

中国から端を発するコメニーズの高まり

リスク19　産業を促成したツケ

「軽工業」にまで先祖返りするしかない

これまで中国の内需を支えてきたのは、紛れもなく不動産セクターだった。都市住民の4人に1人が建設不動産関連の労働者という歪《いびつ》な構造のせいで、今後は、代金や賃金の不払いにより、個人事業主などの破産も続出すると思われる。

中国政府は景気対策の一環として「軽工業の成長加速」を謳っているが、このジャンルは賃金の上昇に伴い、すでに中国から離脱した産業である。再び競争力を取り戻すためにはインドやバングラディシュ、ベトナムなどよりもローコストであることが大前提となるだろう。そのために不可避になるのは「賃下げ」であるが果たして可能なのだろうか。

日本における基幹産業の変遷の歴史を振り返ればわかるが、国家の発展プロセスとして農業から軽工業、重（化学）工業や先端産業という主力の業態の変化が起きる。軽工業は労働集約型産業で賃金の安さがポイントになる。

日本も戦後、焼け野原からの復興の過程で、おもちゃや繊維縫製などの労働集約型から立ち上がり、高度経済成長の過程で電気製品や自動車などへと主力産業が転換していった。ASEAN各国や韓国なども同様の歩みを経ている。

また、明治時代の殖産興業期においても、富岡製紙場は1872年（明治5）、八幡製鐵所は1901年（明治34）の創業開始ということで、その順番を見れば、今さら軽工業に注力しようという中国政府の方針が的を射ているか否か想像がつくだろう。

一方、中国は世界の組み立て工場であり続けながら、他国から輸入（実体は略奪のようなもの）した先端技術産業に同時に進出していった。その意味では基礎研究を行なう土台がないうえに、先端産業に至るまでの発展過程を経験していない。

自動車がその典型だ。日本の場合、部品メーカーも含め長い歴史と経験で精密加工などの特殊技術を有し、産業基盤が確立されている。中国は、そうした蓄積した技術がなくても、ゴーカートのように簡単につくれるEVに、活路を見出すしかない。

第2章で触れたが、EVはコモディティであり家電製品の延長という代物だ。中国恒大の進出例でも明らかなように、簡単に異業種が参入できる。結果、過当競争と質の悪化という負の連鎖に陥っていくのだ。

資源など一部で中国に対する依存度が高い項目もあるが、これは相手国が環境負荷とコストの問題で中国に依存し、リスクヘッジしているにすぎず、工業製品で中国独自の技術でしかつくれないオンリーチャイナは見当たらない。部品や素材レベルでも同様だ。そのため景気刺激、経済成長のために「軽工業」にまで先祖返りするしかなくなったのだ。

サービス業など第三次産業に関しても不動産収益への依存傾向が見られ、不動産市場が回復しない限り、縮小が続くことになる。その頼みの不動産のバブルが弾け、恒大集団が破産申請。中国経済はもはや「詰み」の状況だ。

リスク チャンス

粗悪乱造の中国製品が一掃される

リスク20 米印連携

インドが世界の半導体工場となる

中国の不動産バブルが崩壊した今、遠からずインドが世界経済の牽引役に名乗りを上げるという予測が、衆目の一致するところとなっている。すでに人口では14億人となり、中国を抜いて世界一になっている。

2023年6月22日、バイデン大統領はインドのモディ首相を国賓として迎え、ホワイトハウスで首脳会談を行なった。この席でバイデン大統領は、米印間は21世紀で最も重要な二国間関係の一つとして、貧困の撲滅、気候変動対策、食糧・エネルギー問題など、さまざまな分野で協力していることを強調した。

モディ首相は米上下両院合同会議で演説し「アメリカは最も重要な防衛協力相手の一つ」「威圧や対立という暗い雲がインド太平洋に影を落としている」「両国のパートナーシップは民主主義の将来にとって良い予兆」など、中国を念頭に置いたと見られる発言を次々と口にした。同首相の議会での演説は2016年に続き7年ぶり2度目で、アメリカの厚遇ぶりがわかる。

米国とインドは以前から協力関係を築いている。半導体分野や宇宙事業など先端技術分野の産学官連携だけでなく、中国に代わる世界の工場の地位を狙うインドとの産業界の協力も深まっている。

もともと、米国のＩＴ系技術者の多くがインド系であり、インテルなど多くのＩＴ企業がインドに研究所を持つ。それはインドが理系教育、スーパーエリート教育を行ない優秀な学生を米国などに送り込んできた成果と言える。

アメリカの理工学系にはインド人が大量にいて、ＣＰＵの開発部門もインド人が多い。英語という共通の言語を持つ点も両国の人的交流をよりスムーズにしている。

従ってまだまだ製造技術は貧弱だが、優秀なプログラマーを大量に抱えており、今後の世界の中での雄となるポテンシャルが非常に高いのである。

米中関係悪化のメリットを享受するインド

ウクライナ問題でインドは中立的な立場をとり、ロシアからのエネルギー調達も続いている中での米印会談だったが、アメリカとしてはそうした事情を棚上げにして軍事面でのインドとの関係強化を進める姿勢を見せ、航空機用のエンジンの共同開発を進めることでも合意が成立した。

現在のインドの軍事の装備体系はロシア系でありＮＡＴＯ系ではない。にもかかわらず、インドは独自開発を進めるとしており、米国はこれに協力する。米国がここまでインドに肩入れするのには理由がある。その背景には中国の存在があり、ＱＵＡＤ（日米豪印）の連携を視野に入れたものと言っていい。

伝統的な非同盟国のインドを西側に引き込む。その構想はＱＵＡＤとして結実しており、その意味では安倍晋三元首相の果たした役割は極めて大きい。ＱＵＡＤは日米・米豪という強力な軍事同盟（日米安保条約・ＡＮＺＵＳ条約）が軸になっている。

さらに、日豪も２０２２年10月に安全保障協力に関する共同宣言により準同盟関係に昇華した。日印も同じく、２００８年10月に安全保障協力に関する共同宣言を発表し、戦略的パートナーシップを結んでいる。今回の米印首脳会談を別の角度から見れば、ＱＵＡＤ

強固になるQUAD

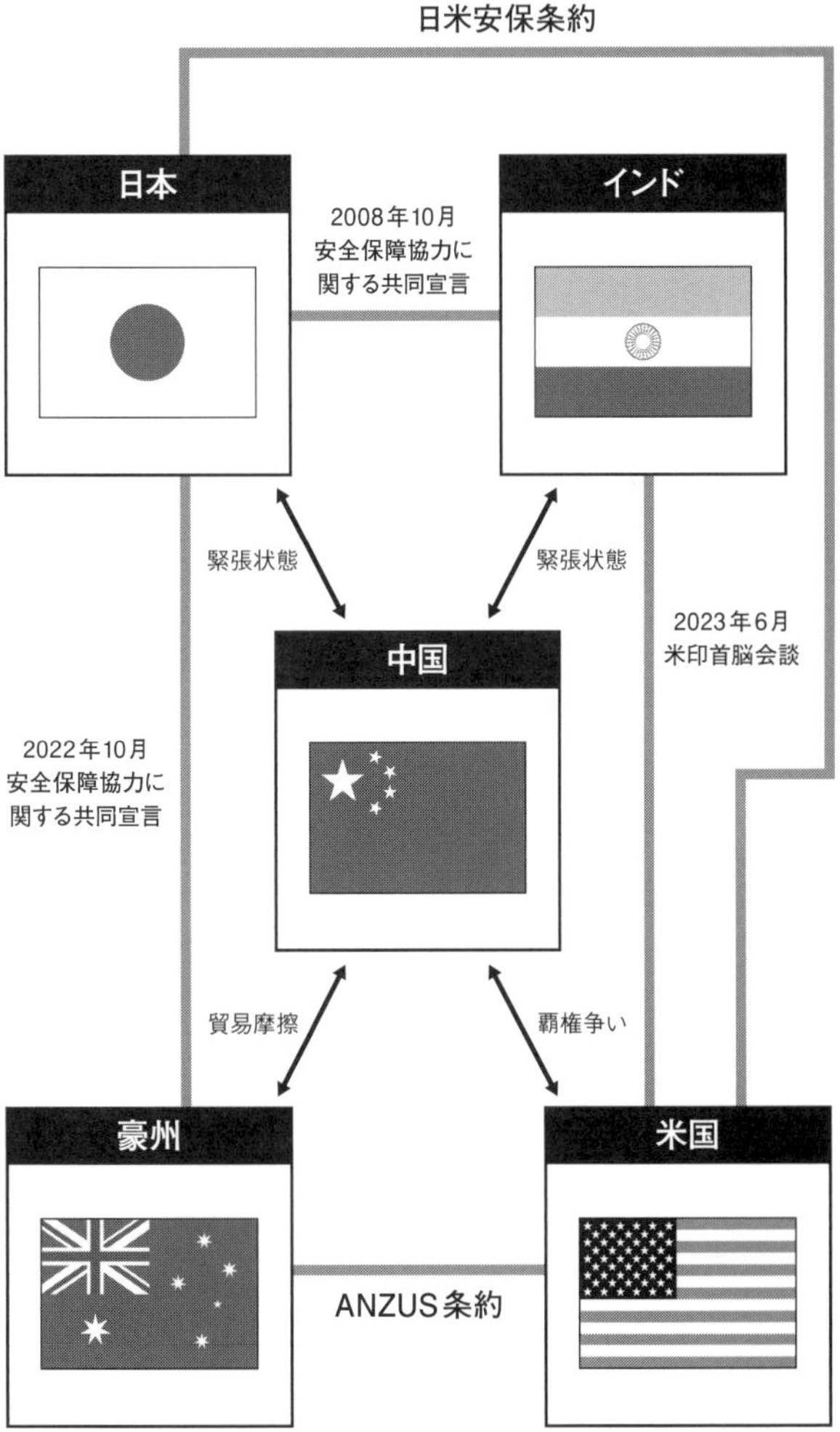
日米安保条約
日本
インド
2008年10月
安全保障協力に
関する共同宣言
緊張状態
緊張状態
中国
2023年6月
米印首脳会談
2022年10月
安全保障協力に
関する共同宣言
貿易摩擦
覇権争い
豪州
米国
ANZUS条約

のさらなる強化の一環と言えるのである。

さらにインドにとっては、米中の関係悪化によるメリットは大きい。対立が深化すればするほど、中国からインドへの工場移転が進み、技術の移転も進むことになるだろう。先述したように半導体などの開発に関しては、インテルなど大手半導体メーカーの設計の中核を占めるのはインド人であり、これは他の先端分野でも同様である。理系のスーパーエリート教育を行ない積極的に留学させてきたことで、開発技術者は確保できている。その一方で、生産技術という点では劣っており、インドとしてはこの部分を補いたい。米印連携はまさにウインウインなわけだ。

そうした事情もあり、インドの人権問題に関しても今回は完全に棚上げにされたのではないかと筆者は考えるが、詳しくは次項で解説していこう。

リスク　チャンス
QUADの強化が中国からのインドシフトを促進させる

リスク21 インドの階級社会

「カースト制度」が生きている

インドの人権問題は中国とは性質が異なる。

インドは中国とは違う形の「階級社会」で、少数のエリートとその他の人びとで構成された国家と言える。政治制度としては民主主義国ではあるものの、中国のような専制とは違う形の、一種の専制国家と言って差し支えないだろう。

インドはそうした政治制度を守りながら、国を発展させようと試みており、アメリカをはじめとする国際社会はそれを許容しつつインドを利用しようとしている。それが米印首脳会談ではっきりと示された。

インドのもう一つの特性は、「地域性」にある。モザイク国家と言っていいほどの地方分権が進んでいて、州により全く違う国と言ってもいい。イスラムが中心の州、カーストが色濃く残っている州も少なくない。

文化、風土、天候気象も異なる。イメージとしては合衆国、さらに言えば連邦国家だ。

たとえば、インドは乾燥地帯というイメージがあるが、南部のケーララ州は一年中25度から30度ぐらいの温暖なモンスーン気候で、すごしやすくて水も多い。

このケーララ州は左翼民主戦線という左派が政権を握っており、インド共産党マルクス主義派がトップに君臨する。

インドは一つの国家ではあるが、実質はEUのような連合国家と考えた方がいい。その認識を、日本人はまだほとんど持っていない。「インド」と聞けば、「ターバンを巻いた男」と「カレー」と「コブラ」程度の認識で片づけている人が多いのだが、それは根本的な間違いである。

筆者はインド大使館に投資のプレゼンテーションなどで呼ばれることが多い。

現在の駐日インド大使はケーララ州出身である。共産党が支配している州ではあるが、教育レベルは非常に高く、いい意味での社会主義で運営されている。モルディブとインド洋を挟んで向き合っており、グアム島やハワイにいるような錯覚を覚える。こうした州もある、じつに多様性に富んだ国家と言っていい。

中国にできることが、できない国

地方自治権の強さと階級社会の国インド。それはインドの強みであると同時に弱みでもある。特に各州の自治権が強く、中央集権が進まない。これは専制国家の側面をもつものの根本的には民主主義国のインドと、根っからの専制国家中国との最大の違いである。それだけに、インドがこのまま発展していった場合、国家が分裂するリスクも否定できない。州による貧富の差が激しくなれば、州のあいだでの対立が大きくなるからだ。

一方で、明確な社会階層、カーストを前提として国家が安定してきた側面もあり、大多数を占める中下級層の富裕化と人権の拡大は社会不安を生み出す要素ともなりかねない。

これから世界最大級の経済を誇る国となるであろう、その可能性を秘めた大国インドについて、モディ首相は非常に難しいかじ取りを迫られている。

国際社会では中国に代わる存在としてインドに期待する声も強いが、民主主義国家ゆえに決定から実行までの速度感は専制国家に劣後するのは否めず、功利主義や経済合理性に準じた過度の期待を持ってはいけない。

中央集権的な専制国家であればできることが、簡単にはできない。安定発展させようとすれば、専制色を強める必要があるが、それは国際社会に中国をもう一つつくるに等しく、西側の価値観と一致しない。

これは中国が発展を始めた1990年代後半から問題視されており、なぜインドは中国のように発展しないのかという疑問に対する解の核心部分である。

並び立つことはないインドと中国

では、そのインドは米国以外の諸外国にどう向き合っていくだろうか。

巨大な人口を抱えるインドが経済発展するには、同規模の人口を抱える中国を〝食う〟必要がある。ともに成長するという選択肢はないと考えたほうがいい。資源には限界があり、資源価格のこれ以上の上昇は望ましくないからだ。

今後も、インドは中国に対して一定の距離を置く姿勢を変えないだろう。

インド以外にもパキスタンやバングラディシュなどそれなりの人口を抱える新興国があ

り、これはもともとインドの一部であった。インドは、核保有国のパキスタンと中国の軍事協力強化を脅威と認識しており、中国の中央アジアへの軍事的進出はもちろん、権限拡大を阻止しなければならない。

さらにインドは、ロシアとの関係においてはウクライナ問題で中立を保っている。そこには実利的な計算がある。

ロシア勝利の可能性が薄まってきた状況では、ロシアとの関係強化はありえず、中ロとの協力関係からも距離を置く選択を行なうものと予測できる。問題はその距離感とタイミングであり、今回の訪米はそれをはっきりと示した。

リスク　チャンス　インドとビジネスをするには、その特殊性を学ぶこと

リスク22 韓国半導体メーカー

米中デカップリングで足元揺らぐ

韓国の半導体産業は半導体不況の直撃を受けている。サムスン電子が7月に発表した2023年4～6月期の連結決算速報値では、営業利益は6000億ウォン（約660億円）で、前年同期と比べて96％ダウンという大幅な減少を記録した。

サムスンの場合、半導体部門で少しぐらい赤字を抱えても、スマートフォンなどで多少なりともカバーできるので黒字を維持したが、SKハイニックスは大型の赤字を計上している。

SKハイニックスはさらに大きなリスクを抱えている。2020年10月にインテルのNAND事業を買収することが発表され、それに伴い2021年12月にインテルからSSD（Solid State Drive＝記憶装置）事業と中国の大連工場の譲渡が完了した。2025年3月以降に、設計やIP（intellectual property＝回路設計データ）、R＆D（Research & Development＝研究開発）の買収が決まっている。だがその後、先行きが怪しくなってきた。

アメリカは、2022年10月にAIなどに使用する先端半導体や、製造に必要な装置、技術の中国への輸出を事実上禁じた。中国側も随時、対抗措置を取っており、2023年8月には半導体の材料などに使われるガリウムとゲルマニウムの関連品目について輸出を許可制にする方針を明らかにしている。

アメリカは今後、中国を対象にしたさらなる規制を打ち出す構えで、特定取引の禁止や情報開示が義務づけられている。

米中のデカップリングが進めば、今後中国で半導体生産ができなくなる可能性が高い。インテルはそれを想定して早めに大連工場を手放し、SKハイニックスは〝ババ〟をつかまされたのかもしれない。アメリカの考え方次第で、サムスンやSKハイニックスの中国工場は死に体となる。

アメリカの半導体規制を受けて、日本でも2023年7月に先端半導体など23品目を輸出管理の規制対象に加えた。事実上の中国向け輸出規制措置だ。

このような大きな流れのなか、中国での事業を買収するSKハイニックスは、サムスンとともに断崖絶壁の縁をフラフラと歩いている状態に見える。

韓国政府は半導体産業に注力しており、京畿道龍仁《ヨンイン》に世界最大規模の先端非メモリー半導体クラスターを建設予定で、完成すれば世界的に見ても大規模な半導体集積団地となる。すでにサムスン電子が主体となり数年前から建設を始めている。20年間で30兆円を投じ、隣接する城南市板橋《パンギョ》に集まる半導体ファブレスメーカーと連携して、巨大なクラスターとする青写真を描く。

このような大規模なプランも、肝心の企業の足元が揺らいでいる状況では、砂漠に水をまくような結果となりかねない。

リスク チャンス 中国に工場を置く企業に気を付けよ

Column

世界と経済が学べるオススメ映画③

『RRR』（2022年 S・S・ラージャマウリ監督）

インドは年間の映画制作本数、映画館の観客総数ともに世界一という、知られざる映画大国だ。

本作はアカデミー賞歌曲賞を受賞し、世界的に高い評価を得ている。日本でも興行収入10億円を突破して、インド映画としては過去最大のヒット作となり、日本アカデミー賞の優秀外国作品賞を受賞した。

舞台は独立前の１９２０年の英領インド帝国。英国軍に連れ去られた村の幼い少女を、救い出す使命を帯びた、男たちの物語。実在の独立運動指導者のビームと英国の警察官ラーマ、敵対する2人の友情を描いたフィクションで、2人が歴史に登場する年代よりも前、英領インド帝国に挑む姿を派手なアクションとともに描く。

劇中で流れる「Naatu Naatu」は、インド総督公邸で催されたパーティーでビームとラーマが高速のダンスを披露する時の音楽。まるで早回しのようなダンスを見るだけでも価値がある。アカデミー賞授賞式でも歌と踊りが披露された。「Naatu Naatu」とは、テルグ語（インド南東部のアーンドラ・プラデーシュ州とテランガーナ州の公用語）で「加工してない」「素朴な」という意味だという。

急速な経済成長を遂げ、世界への影響力を日に日に増しているインドの勢いを感じさせる。植民地支配への抵抗という現代インドの原点の時代を扱い、まもなく世界のトップに並ぼうかというインドの今を感じるには最適の作品だろう。

ちなみに「Naatu Naatu」を作曲したM・M・キーラバーニは、幼いころ、カーペンターズをよく聞いていたとのことで、アカデミー賞授賞式ではカーペンターズの名曲「Top of The World」をBGMに『RRR』が私を世界の頂点に立たせてくれた」と感謝の言葉を述べ、大きな拍手を浴びた。

第4章
日本経済に追い風が吹いている
――半導体、インバウンド、DX化

リスク23　高すぎる電力料金

原発再稼働のメリット

これまでの章を読んできた皆さんには、日本企業の勝ち筋が次第に見えてきたのではないだろうか。

とはいえ、解決しておくべき課題はある。それは「高すぎる電力料金」である。その背景にある問題のネックは、原子力発電所の再稼働に対する抵抗だ。

現在、北海道電力の電気原価コストは、九州電力のおよそ2倍になっている。九電では、玄海と川内《せんだい》の2つの原子力発電所が稼働中である。小売供給分で2022年の電源構成を見ると、原子力は23％（2021年は36％）に達している（「当社の電源構成・非化石証書使用状況・CO_2排出係数［小売供給分］」『九州電力』オフィシャルサイト）。北海道電力は稼働中の原発がないため0％である。

北海道の泊原発が停止したのが2012年5月で、停止期間は11年を超えた。この間、稼働していない原発に投じられた費用は7000億円近くになったと報じられている。北電では2026年の再稼働を目指しているが、プラン通りに事が運ぶかは不透明だ。事の本質は、電気代が高いことのみにあるのではない。総供給量が足りなければ、たとえば工場が進出する場合には致命傷になりかねないから、電気をつくるポテンシャルの問題も大きいのである。

半導体企業の多くが九州に進出しているのは、電力の安定供給に対する安心感と無縁ではないだろう。もちろん、第1章で紹介したように、半導体メーカーのラピダス（Rapidus）が千歳に進出して北海道バレー構想も進んでいるものの、高すぎる電力料金や電力供給の不安定さが経営に影響しないという保証はない。

北海道バレー構想では、2026年の泊原発の再稼働を当て込んでいるのかもしれないが、電力の安定供給の不透明さが不安材料の一つであることは間違いない。

政府はまだ慎重姿勢だが

しかし、ここにきて潮目は変わりつつある。

関西電力の2022年の電源構成比は原子力発電が20・3％と原発依存度が高くなって

いる。さらなる追い風として、2023年7月には高浜原子力発電所1号機が12年ぶりに再稼働した。2023年夏の時点で稼働している関西電力の原発は、大飯、美浜、高浜（すべて福井県）の3原発。*

こうして関電は原発の一部再稼働によって、電力の安定供給ができるようになると同時に、電気代を値上げしないでもやっていける状況になった。

原子力発電について振り返ってみると、東日本大震災前には、電源構成比で原子力は34%に達していた（1990年代後半から2000年にかけて、出典は『原子力・エネルギー図面集2018』）。それが東日本大震災でほぼ0になり、前述したように徐々に再稼働されている。

政府のエネルギー基本計画では2030年の電源構成比は原発が20～22%とされている。再生可能エネルギーは36～38%で、火力は41%にまで下げることとされた。

2022年7月に岸田首相は、冬までに原発を最大9基稼働させ消費電力の1割を賄《まかな》うと公表し、それが実現している。政府も日本経済のためには原発の安定稼働が不可欠との認識を持っているのは間違いないだろう。

リスク　チャンス
日本浮上のカギを握る原発再稼働

＊東日本大震災の後、大飯原発は1年4か月後の2012年7月に3号機が再稼働を始め、美浜原発も2021年6月に3号機が再稼働している。

リスク24 根拠なき反原発の声

パナソニックが国内回帰する理由

２０２３年の日本の電力事情に戻ろう。

地域によって異なる電気料金が日本企業にとって大きなリスク、負担となっていた。そしてアメリカの3倍、中国、韓国の2倍という電気コストが、日本企業の国内製造拠点で製造された商品の、国際競争力を奪い続けてきた。

ここにきて世界的なエネルギー価格の高騰が起きているから、日本もさらなるダメージを受けそうに思われるが、日本の場合、中長期的な契約による資源調達が中心であり、スポット契約による資源価格には影響を受けにくい。つまり、日本の電気料金は割高ではあるが、中長期的な契約のため、短期的な資源価格の変動による影響を受けづらいという利点があるのだ。

同時に、原発を再稼働することで、ローコストの電力を得る目途がたってきた。他の国がエネルギー価格の高騰で受ける影響に比べ、相対的に日本は有利だと言える。

この流れのなか、パナソニックが、業務用空調機器の生産を国内の工場に集約することを明らかにした。2024年3月までに中国やマレーシアの工場で生産されていた分を、日系ブラジル人労働者が多いことで知られる群馬県大泉町の工場に集約する。

さらに、省エネ効果が高いエアコンの生産拠点を、中国から滋賀県草津に移転することになった。

海外での人件費、海外からの輸送コストの上昇に加え、円安が続いていることが主な理由だが、電力事情の見通しも無視できない。

パナソニックが関西から出ていったのは、原発の停止による電力不足が大きな要因になっていた。これが解消されつつある今、国内回帰の動きが強まるのは当然だ。

電気は産業の血液のようなもので、良質な血液が流れるところに生産を集約するのは合理的な判断である。

電力会社の赤字は国を揺るがす問題

もっともこうした状況においても、反原発を叫ぶ人たちはいまだに存在する。

立憲民主党の阿部知子衆議院議員は東京電力福島第1原発処理水の海洋放出について、処理水を「処理汚染水」と表現し強い批判を浴びた。彼女は医師でもあるが、そのような立場であるにもかかわらず科学的知見に基づかない発言をしたのである。残念ながら、それが現在の日本の野党のレベルだと考えるしかない。

一方、海外では、現在、韓国電力公社（KEPCO）が大きな赤字を抱えている。韓国では、同公社がいったんすべての電気を買い上げて、それを再配分するシステムになっている。電力の原価高騰、かといって急に大幅値上げをするわけにもいかず、一種の産業補助金的な役割を果たして供給してきた。ところがそれを続けた結果、公社の存続にかかわるほどのダメージを受けることになった。

2023年5月には、鄭升一《チョンスンイル》社長が巨額の赤字の責任を取って辞職した。2022年12月期に韓国企業として過去最大の32兆6030億ウォン（約3兆3000億円）の営業赤字を出した。

資産売却や賃上げ凍結など経営再建策を発表したあとでの辞職となった。鄭氏は文在寅政権だった2021年5月に就任したが、その後、政権交代によって、あらためて経営責任をとらされたと見られる。

まさに電力は経済の血液であることの証左と言えよう。

リスク　チャンス
原発再開で経済が潤う

リスク25　2024年問題

人手不足がさらなる倒産を招く

２０２３年上半期の企業倒産件数は、帝国データバンクによると４００６件だった（負債１０００万円以上の法的整理対象）。これは前年同期比で31・6％増で、上半期で前年を上回るのは6年ぶりである。

この数値だけを見ると、日本経済の危機とも思えるが、そうした見方は短絡的である。コロナ禍という空前の厄災に襲われながらも、企業倒産数がそれほど増えなかったのは、ゼロゼロ融資（実質無利子・無担保）や、補助金・助成金によって助けられてきたからである。もともと潰れそうだった企業が、コロナ禍のために生き延びてきたのである。

コロナ禍がいち段落したあとで、そのような企業が結局次々に息絶える状況になったことは、端的に言えば、社会構造の変化に伴う淘汰である。

現在見られる新たな傾向は、人手不足による倒産が多いことである。２０２４年に働き方改革関連法の適用がドライバーの時間外労働時間に及び、上限（年間９６０時間）が設けられることで、運送業界が大ダメージを負うと言われている。これを「物流の2024年問題」と呼ぶ。

全日本トラック協会では2024年問題によって、輸送能力が14・2％不足し、2030年にはそれが34・1％まで上昇すると試算している（「物流の2024年問題を知っていますか？」『公益社団法人全日本トラック協会』）。

仮に34・1％の輸送能力が不足した場合、今日発送し、明日到着するはずの100個の荷物が、66個しか届かないという事態が想像できる。

同協会では再配達を減らす配慮や、まとめ買いによる運送回数の削減などを呼びかけており、多少の緩和は見られるかもしれないが、抜本的な解決にはほど遠い。

運送業界で貨物・荷物の滞りが発生した場合、実体経済に及ぼす影響は甚大だ。人手不足倒産がさらに拡大する可能性は十分考えられる。

2025年の大阪万博も間に合わない

しかしながら、人手不足による倒産であれば、倒産時にそこに勤めている人たちには行き場がある。同じく人手不足の別の職場に転籍が可能だと思われるからだ。

産業構造の変化は、時代の移り変わりとともに、ある程度受け入れざるをえないものだ。政府の使命は、それに伴う失業者を出さないことであって、会社を倒産させないことではない。そこを混同して語る人が多いように感じられる。

直近の2024年問題に関して言えば、特例を設けるなど法的技術で問題を先送りするのが賢明であろう。現状では物理的に人が足りない。

働き方改革関連法の時間外労働の上限規制で、自動車運転業務にかかる部分は2024年4月1日施行と決まっていたが、ここ1、2年、コロナ禍で需要が低迷していたために問題になることが少なかった。

ところが、コロナ禍の一応の収束を見て需要が回復してきたら、「あと1年を切っている」と騒ぎになってきた。日本中で人手不足のなか、より一層人手不足を悪化させて経済が回るはずがない。

建設業界の上限規制も2024年から始まる。このまま何も手を打たなければ、202

5年の大阪万博開催も危ぶまれる。

日本国際博覧会協会は、パビリオンの建設に関して、時間外労働の上限規制の対象外にするように政府に求めた。建設が遅れ、輸送が遅れ、オープン前に突貫工事もできないというジレンマに陥っている。

働き方改革と引き換えに国際的信用が失墜する損失をどこまで政府は認識しているのか。そう考えると改正法の施行を遅らせる以外に方法はない。

リスク チャンス 「人手不足倒産」の受け手を担う

リスク26　CSRの欠如

倫理観のない企業は淘汰される

最近、話題になっているのはCSR（Corporate Social Responsibility＝企業の社会的責任）だろう。象徴的なのが、スシローの事件である。

当時17歳の少年がレーンを流れる寿司に唾液をつける、醤油差しを舐めるなどの行為をして、それを動画でアップしたという信じがたい事件である。これをきっかけに飲食店に対する業務妨害行為が相次ぎ、各社対応に追われたのは記憶に新しい。

この業務妨害に対してスシローの運営会社「あきんどスシロー」（本社・大阪府吹田市）は少年相手に約6700万円の損害賠償を求めて大阪地裁に提訴し、さらに警察に告訴するという断固たる措置を取った。結局、民事は和解が成立したようで訴えは取り下げられたものの、少年は引き続き刑事責任を追及されることになっている。

このスシローの対応はネットを中心に支持の声が大きく、子供だから大目に見るべきと元アナウンサーが自身のツイッターでつぶやいて炎上するという騒ぎもあった。

スシローサイドがこのような厳しい対応に出たのもCSRを意識してのことであろう。訴状では、全国の店舗で来客数が減少。2日後の同31日には株価が5%近く下落し、1日で160億円以上の経済的な価値が失われたことが述べられていると報じられたが、そのような損害が発生しながら民事訴訟を提起しなければ、取締役は株主代表訴訟を提起される可能性がある。

ステークホルダーの利益を守るのは会社経営者として当然の務めであるし、業務を妨害し、食の安心安全を損なう行為に対して何の措置も取らなければ、被害を受けるのは利用者である。

そう考えると、再発防止のためにも断固たる措置を取るのが企業としての社会に対する責任と言える。

今の時代の企業経営は「儲かればいいだろう」という考えだけではやっていけない。これこそ本当のSDGsで、持続可能な社会貢献企業でなければならない。倫理観のない企業は淘汰されてしかるべきだと思う。

「次なるビッグモーター」を生み出すもの

スシロー以上に問題となったのが、ビッグモーターである。客を騙し、国や自治体を騙し、短期利益だけを搾取しようとしたわけで、企業倫理に反しているというより「犯罪者集団」と呼ばれても仕方がないレベルの悪事が次々と露見した。

ビッグモーターの悪事は数々伝えられるが、保険制度の根幹を揺るがしたことは、特に許しがたい。

車両保険を含めた保険制度の恩恵を受けているのはカーオーナーのほぼすべてと言っていいが、今回の事件で、その全員が、ビッグモーターの仕業で何十円か何百円か、不条理な金を払わされていたことが判明したのだ。カーオーナーすべてが被害者なのだ。

ほかにも、「ロイヤルファミリー」などと呼ばれるオーナー社長の親族だけに権限が集中し、度外れたブラック企業体質となっていた。

降格人事当たり前、従業員を将棋の駒のように扱って尊厳を傷つける、もはや人事とも呼べない人の異動を行なう、店舗の前の植木を除草剤をまいて枯死させるなど、器物損壊まで組織ぐるみでやっていたのである。そんな会社に存在価値があるのだろうか。

ただし、所有と経営が分離されている大企業だと、社長自身がサラリーマンであるがゆえに責任を取りたがらない。問題があっても先送りしてしまう。監査役や社外取締役が機能しない。そうした無責任経営が結果的に競争力の欠如へとつながるのである。

リスク　チャンス
企業はお客様第一の姿勢を忘れるべからず

リスク27　生産年齢人口の減少

シニアの活用はますます進む

日本社会で急激な少子高齢化が進んでいることは、今更言うまでもない。だから、外国人を労働力として受け入れようという動きは以前からあった。

外国人技能実習制度の前身の技能実習制度が始まったのは1993年。この時点では、日本の技術を学んで母国に持ち帰ってもらうという趣旨であったが、実際には短期の外国人労働者の受け入れとして機能していたのは、多くの人が知るところであろう。

その後、外国人技能実習制度が2017年からスタートした。特に介護職などは、重労働であることから日本人の成り手が少なく、外国人に頼る部分が大きくなってきていると言われている。

これもすべて生産年齢人口（15～64歳）の減少に起因している。当然、会社経営者にすればシニア層の雇用も経営上、考えなくてはならない。

現在、多くの企業では60歳で定年退職し、再雇用で65歳まで働くというパターンが増えている。所得は一気に下がるが、少なくとも5年間は安定した収入を得られるから、働く側は助かるし、企業側にも、仕事の要領をつかんでいる人材が低賃金で使えるというメリットがある。

元気なシニア層が働く喜びを持つことは悪いことではない。働きたくない人は働かなくていいが、働けるし働きたい人が働けない社会は問題だ。働ける人たちが働きやすい環境をつくるということが、政府に求められている。

シニアが働きやすい税収システムとは

シニアの雇用は、年金問題にも絡んでくる。

現在の制度では、一定以上の収入（年金月額＋その他の収入＝47万円超）があると、年金が減額になる。減額されたくないので働かないという人もいるはずだ。

これもおかしな話で、年金は年金としてフルに支給したうえで、働いた分だけ所得になる社会のほうが正しい。頑張った分だけお金をもらえるのは当たり前のこと。頑張った人が年金を減額され、怠けた人の年金支給額を多くして所得を平均化する再分配は共産主義の悪平等のようなものと言っていい。

それよりも、年金を全額出す、働いた分も全額受けとってもらう。そうすると所得が増えるため所得税の税率が上がり、最終的に税収は増加する。こちらのほうがはるかに健全なシステムである。

こういう制度こそ、早く導入すべきだ。頑張った人が頑張った分、豊かになり、その結果、政府の税収も増える。これこそＷＩＮ－ＷＩＮである。政府は早く決断してほしいが、どうなることか。

リスク　チャンス
頑張るシニアを増やすことが日本を元気にする

リスク28　キャッシュレス化の遅れ

NFTは日本では普及しない

２０２５年の大阪万博では、決済アプリやNFT（Non-Fungible Token＝非代替性トークン）が注目され、それを機に一気に一般化すると考えられている。偽造できない電子チケットの役割を果たすNFTが、万博会場外で割引券などの用途にも使えるようになる。万博会場内ではもちろん、全面キャッシュレス決済の方針を明らかにした。

日本では現金決済が今でも根強い現実があり、キャッシュレス化への加速度的な対応が求められている。それを受けて、日本のキャッシュレス比率は２０２１年で32・５％であるが、２０２５年6月までに40％という政府目標は何とかクリアできるようである（「キャッシュレスの将来像に関する検討会 とりまとめ」『経済産業省』）。

もっとも世界的に見れば日本のキャッシュレス化は遅れており、韓国93・６％、中国83・０％、豪州67・７％などに大きく遅れをとっている。

これにはさまざまな理由はあるが、一つは日本円の信頼度が高く、偽札がほとんど出回ることはないという事情もありそうだ。

また、キャッシュレス決済のシステム導入にコストがかかるうえ、マージンが3〜5%かかるため、零細の自営業者には導入が難しいという点もある。特に飲食業などでは、価格を低く抑えるために現金商売という考えの経営者もいるだろう。

そのキャッシュレス化も、万博をきっかけに一気に裾野が広がる可能性は否定しない。

ただ、NFT自体が価値を持つかというと、一時はそれを商品化しようという動きはあったが、そのベースになる暗号資産が広がらないこともあって頓挫した。

NFTは追跡可能な、偽物を防ぐ手段でしかない。

そう考えると、NFTで電子チケットをつくらなくても、電子チケットであれば十分ではないかという気もする。わざわざ高いコストをかけて偽物を防ぐ必要があるのかどうか、考えたほうがいい。

もっとも1970年の大阪万博では、その入場券はたしかにプラチナチケットだったかもしれないが、現代という時代は、万博会場に行かなければ見られないという時代でもない。どこまでチケットの価値があるのかという点でも疑問が残る。

リスク　チャンス　キャッシュレス化導入のタイミングは慎重に

リスク29 メタバースの生き残る道

日本の性産業を支える

ＮＦＴ同様、昨今注目のメタバースだが、こちらのマーケット拡大はあるのか。

メタバースとは何かを、簡単に説明しておこう。「超越」を意味するMetaと宇宙を意味するUniverseを合成させたもので、仮想空間の意味。ＶＲ（Virtual Reality＝仮想現実）はそうした仮想空間を現実のように感じ取るための技術と考えればいい。

当初はゲームで活用されるものとされていたメタバースが、徐々にビジネスにも活用されそうな流れになっている。たとえば、メタバースでのミーティングというのがある。オンラインミーティングと異なり、アバターとして仮想空間に滞在することで、リアルにそこで出会っている感覚になり、より円滑なコミュニケーションが実現できるという。メタバース内での広告配信、イベント開催などにも応用されそうだ。

しかし、特に高齢者が多い日本では、メタバースが早々に普及するとは思えない。リアルな感覚のあるミーティングと言われても、ＷＥＢ上で顔をあわせてのミーティングのほうがよほど現実味があるのではないか。アバター同士で集まって話をしても、それは操り人形が集まって行なうミーティングと何が変わるのかという感想を持つ人も少なくないだろう。

そう考えると、メタバースが急速に導入されそうなビジネスジャンルは、恐らく性産業であろう。ビデオ、DVD、ブルーレイと性風俗関連の媒体はつねに最新のものへと移行している。3Dの動画も性産業のものが圧倒的に多い。メタバースに性産業が進出するのは時間の問題だと思われる。

あまり知られていないが、海外では日本の性産業はかなりの人気を誇る。特に中華圏では日本のセクシー女優は大変な人気となっている。アダルトビデオの販売でも海外、特に中国からのダウンロード販売がメーカーの収益としては小さくないとされる（数値が公表された記憶はないが）。メタバースはその方面に特化して日本で発展する可能性はある。

リスク　チャンス

特定のジャンルからメタバースが普及する可能性はある

リスク30　ソニー一強状態

事業多角化のモデル

日本の企業ではソニーの好調が続いている。２０２２年連結業績では営業利益が過去最高を記録するなど、日本経済成長の牽引役として存在感を示している。

大きかったのは、米ゲーム大手バンジーの買収（２０２２年7月完了）だ。ゲーム事業への投資は盛んで、ソフトの重要性に対する認識は相変わらず高い。

ゲーム事業は、バーチャルリアリティーをはじめとする高度な技術が必要とされるジャンルで、これからの時代はＡＩも絡んでくる。

ゲームを利用しながら、さまざまな分野に広げていくバーチャル空間の研究が進むことが予想されるだけに、投資を惜しむべきではないだろう。

もう一つ忘れてならないのは、ソニーはＣＣＤ（Charge Coupled Device＝電荷結合素子）のトップ企業であることである。１９７０年から社内で研究を始め、１９７３年11月にソニー中央研究所内にＣＣＤプロジェクトが発足した。日本のＣＣＤの歴史を担ってきたと言っても過言ではない（『半導体産業人協会　会報』No.89 p18-19）。

ソニーの半導体事業会社のソニーセミコンダクタソリューションズでは、熊本県合志市に画像センサーの新工場の建設の意向を表明した。また、すでに長崎県諫早市の長崎工場で最新棟の増強工事が行なわれ、2021年4月より稼働を開始、国内の製造体制を強化している。

白物家電事業を売却するなど苦戦が続く他社を尻目に、ソニーは順調に業績を伸ばしている。ソニー損保、ソニー生命などの金融事業も好調に推移している。「ソニー一強」を脅かす日本メーカーの躍進が待たれる。

リスク　チャンス

事業の多角化を戦略的に行なっている企業に注目せよ

リスク31 インバウンドの復活

東アジア頼みから「北米シフト」へ

コロナ禍の収束とともに、インバウンドは回復の兆しを見せている。

２０２３年７月の訪日外客数は２３２万６００人を記録、コロナ前の８割の水準にまで戻った（日本政府観光局発表）。

この数字には、中国からの団体旅行客は含まれていない。コロナ対策で中国政府は海外への団体旅行を制限していたためで、２０２３年３月までに60か国を対象に解禁したが、その中に日本は含まれていなかった。それでも、インバウンド需要はコロナ前の８割にまで戻っていたのである。

岸田首相は外国人旅行消費額５兆円の早期達成という目標を示しており、景気の牽引役となることを期待している。はたして、中国人インバウンドがその切り札になるのだろうか。

８月10日、中国から日本への団体旅行が解禁された。秋からは本格的な中国人旅行客が訪れることが予想される。コロナ禍前の2019年の中国人旅行客は959万人を記録しているが、それを上回るペースになるという予測もある。

もっとも、日中の航空便数はコロナ禍前に比べ減っており、需要はあっても旅行客を運ぶ輸送手段の確保は容易ではない。

また現時点で、すでに受け入れる側のキャパシティーが満杯になっている状況であるから、当面はご遠慮いただくということにもなるだろう。先の予想とは180度異なるが、中国人旅行客がコロナ前の水準に戻るのは、なお、年単位の時間が必要という予測にも頷けるものがある。

また、中国の「団体旅行」であるが、ほとんどが中国資本のバス会社、免税店、ホテルを利用しており、日本に金が落ちず、日本人にメリットはほとんどない。

人が増えることによる「負の影響」

中国の団体客が来ないなか、数字を伸ばしたのは北米である。

2023年7月、米国からの訪日観光客は19万8800人で、コロナ前の2019年7

月から26・7％のプラスになっている。同様にカナダは2023年7月が3万8800人で、32・5％の上昇となっている。従来の東アジア頼みが、解消されつつあるのではないだろうか。

このまま円安が続けば、海外からの旅行客にとって訪日を促す要因となる。さらに欧米の観光客は、近隣のアジアの観光客が2泊3日、3泊4日が中心なのに対して、週レベルで長期滞在するため、訪日の実人数以上に滞在人数が増える。

数字上は「コロナ禍前に復活」しても、インバウンドの内容は大きく変化していくのは間違いない。

一方、インバウンドの復活により、人気の観光地では地域への負の影響も出始めている。たとえば、京都などでは、あまりの観光客の多さに地元の通勤客が路線バスに乗れないような状況が発生している。

鎌倉でも同種の問題が発生した。アニメ『スラムダンク』のオープニングのモデルとなった、江ノ電の鎌倉高校前駅の横の踏切に観光客が殺到した。

江ノ電に乗るために多くの観光客が列をつくるため、地元の利用者が乗れない状況に陥った。定期券利用者は電車利用の優先権（駅舎内に立ち入る優先権）が認められるという苦肉の策で対応がなされたことは、多くのニュースで扱われた。

インバウンドの復活を単純に喜んでばかりはいられない。それとともに解決すべき問題も発生していることは政府も意識すべきである。

リスク　チャンス
インバウンド対策を現在仕様に改める

リスク32　ソフトバンクの未来

戦略がすでに陳腐化している

昨年版でも指摘したが、ソフトバンクの苦悩は続いている。

ソフトバンクグループの2022年4～6月期決算で純損益が3兆1627億円の赤字という四半期決算として過去最大の損益を記録した。その前の1～3月期決算では2兆1006億円の赤字で、半年で5兆2600億円余を背負ったことになる。

2023年8月に発表された2023年4～6月期決算では純損益が4776億円の赤字となった。この数字だけを見て、ソフトバンクが危機を脱したと判断するのは早計である。その実態は借金と資産を清算してプラマイゼロにする過程、つまりは「借金を減らしている状況」にあるからだ。

そもそもソフトバンクグループは製造業ではなく、ファンドである。ファンドの運用がうまくいくかいかないかは、極論すればギャンブルで勝てるか勝てないかに似ている。

ソフトバンクのビジネスモデルは、ベンチャーや新興企業に投資して、その中から当たりが出ればもう一本というタイプの〝アリババビジネス〟だ。

そのビジネスモデルが今、ソフトバンクの規模が大きくなりすぎて成立しなくなってきている。

IT産業全体は成長曲線にある。情報サービス業の売上高の推移を見ると、2017年に11兆3000億円だったものが徐々に上昇し2020年に12兆9000億円に達した。そこから一段と高くなり、2021年に15兆2000億円、2022年に15兆8000億円と上昇トレンドを続けている（「情報サービス業の売上高の推移」『経済産業省』）。

成長を続けるIT産業は、その市場規模が年々大きくなる一方、群雄割拠の時代から寡占の時代に移行してゆく気配が出てきており、新興企業が化ける可能性が低下している状況にある。ニューフェイスの大化けに賭けるソフトバンクグループのやり方は時代に合わなくなってきていると言ってもいい。

リスク　チャンス
ソフトバンクグループは「普通の企業」と同一視してはいけない

Column

世界と経済が学べる オススメ映画④

『公式長編記録映画　日本万国博』（1971年 谷口千吉監督）

2025年の万国博覧会開催を前に、その55年前に開催された1970年の大阪万博（EXPO'70）が再び注目を集めている。

千里丘陵で開催されたアジア初の万博は、開催半年の間に6000万人以上が集まる歴史的なイベントとなった。本作はその準備から開幕そして閉幕までを追ったドキュメンタリーだ。半世紀以上前の人々の様子や当時の社会風俗を知るにも格好の素材である。

ナレーションは石坂浩二。特撮番組のウルトラQやウルトラマンでのナレーションでも知られ、映像とともに音声でも昭和を感じさせる。

半世紀前の人びとが描いた未来がじつに興味深い。抽象的、流線形、カラフルな建物が50年前の人が考えた未来だったのかと、今から見ると微笑ましい。その中で、東京ドームそっくりの建築物があるのに驚いたりもする。

各国が1つずつパビリオンを出していたと思っている人が多いかもしれないが、スカンジナビア館はデンマーク、フィンランド、アイスランド、ノルウェー、スウェーデンの5か国で共同出展されていた。展示品は公害の実態や環境保護を訴えるもので、当時から北欧諸国では環境問題を重視していたことが見て取れる。

当時の日本では四大公害が世間を騒がしており、公害問題はすんなりと受け入れられたと思われるが、環境問題については、まだほとんどの人が意識していなかったのではないか。万博のテーマが「人類の進歩と調和」、時は高度成長の末期とあれば環境保護よりも経済発展に目が行くのは当然で、その意味では北欧らしいと言える。

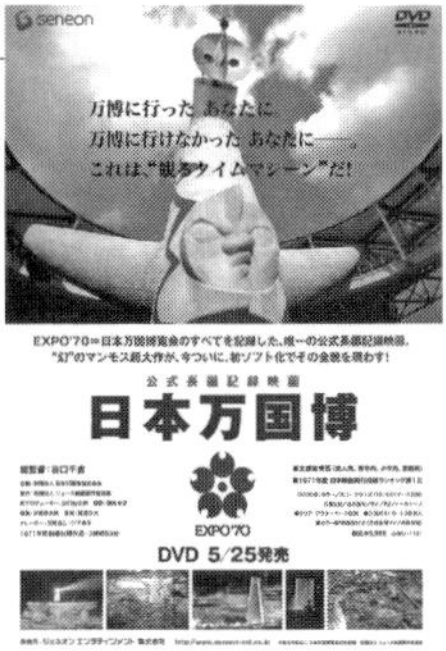

2時間53分の映像は、今の時代では考えられないような状況も映し出している。閉会式で各パビリオンのコ

ンパニオンたちが、観覧席に座る当時の皇太子夫妻（現上皇・上皇后）に手を伸ばして花を差し出し、それを夫妻が受け取るという距離の近さなどは、警備上の問題からしても、今ではできない相談である。

２０２５年の万博はおそらくかなり洗練された大人のエキスポとなるだろう。半世紀前の日本が先進国入りした当時の熱気を感じるには、格好の素材、記録映画と言える。

第5章

敵は国内にあり？　喫緊で解決すべき「8つの課題」

――2024－25日本経済再始動

リスク33　新しい資本主義

「絵に描いた餅」のような話

岸田総理はしきりに、「新しい資本主義」の実現を強調している。「新しい」と銘打つのだから、従来のわれわれが生きてきた時代の資本主義は「古い」資本主義なのであろう。

「首相官邸ホームページ」を見ると、新しい資本主義について次のような説明がある。

「私が目指すのは、新しい資本主義の実現です。成長を目指すことは極めて重要であり、その実現に向けて全力で取り組みます。しかし、『分配なくして次の成長なし』。成長の果実を、しっかりと分配することで、初めて、次の成長が実現します。大切なのは、『成長と分配の好循環』です。『成長も、分配も』実現するため、あらゆる政策を総動員します」

どうやら経済成長により得た果実をしっかりと分配し、それを次の成長につなげるということらしい。
どこの国でも所得再分配機能となる財政政策は存在する。日本でも累進課税制度を採用し、社会保障給付により所得の再分配を行なっている。総理の考えでは、「古い資本主義」の下では「分配」がしっかりと行なわれていなかったということのようだ。

「首相官邸ホームページ」には、分配戦略として3点が挙がっている。

（1）所得の向上につながる「賃上げ」
（2）「人への投資」の抜本強化
（3）家計の資産形成支援

細かい政策を見ると、

（1）所得の向上につながる「賃上げ」→①公的価格の見直し　②賃上げ企業への支援　③

下請取引の適正化　④最低賃金の引上げ

（2）「人への投資」の抜本強化→①人への投資の強化　②リスキリングによる能力向上支援と労働移動の円滑化　③企業の情報開示ルールの見直し　④多様な働き方の推進　⑤フリーランスの環境整備

（3）家計の資産形成支援→①資産所得倍増プラン

大雑把な見方をすると、企業に賃上げを促し、個人のスキルアップを支援し、各家庭が資産を投資に回して市中に出回る通貨量を増やす、といったところか。

印象としては、一人ひとりがブラッシュアップ、スキルアップして労働者としての価値を高め、会社に頼らずに自立して生きていける人を育て、私生活では積極的な資産形成を期待するもの。また、会社は労働者の質に見合った待遇をする、そうすることで社会全体が豊かになる、そうした世の中にしたいように見える。

そうして社会全体が豊かになれば結構ではあるが、個人の所得が多くなっても、適正な再分配の名のもとに累進課税を強化され、稼いだ所得の半分以上を税金でもっていかれる。そうなれば高所得者層はモチベーションを失うか、税率の低い海外へ逃避するか、という結末は十分に考えられる。

論理的にも整合性がないのでは？

こうした因果関係は決して机上の空論ではない。ビルトインスタビライザー（財政の自動安定化装置）と呼ばれる財政政策は、社会的システムとして景気を安定化させる。

好景気の時は所得が増え、累進課税で税率がアップし、失業者の減少で社会保障給付が減るため、市中の通貨量が減少するので必然的に景気の過熱を抑えることができる。

逆に不景気の時は所得が減るが、累進課税のため自動的に税率も減る。また、失業者の増加に伴い社会保障給付が増える。よって市中の通貨量が増加して景気を刺激するというものである。

岸田政権の経済政策を進めると、ビルトインスタビライザーの働きで目指す方向とは逆に進む力が働くことになる。内なる矛盾を抱える社会制度を「新しい資本主義」と呼ぶなら、たしかに新しい。

岸田総理は、この「新しい資本主義」で日本中すべての人を満足させよう、富める人も貧しき人もともに笑顔になる政策をと考えたのであろう。

政策は現実的でも、総理が望む社会の実現という点で非現実的であるし、仮に効果が出てもどの層にも効果は限定的というのは十分に想像がつく。これならプライマリーバランスを多少犠牲にしてでも成長戦略を採用した「アベノミクス」のほうがはるかに現実的でわかりやすい。

岸田総理の手法のどこが「新しい資本主義」なのか、全くわからない。絵に描いた餅を「おいしいですよ」とすすめるキャンペーンコピーのようなものでしかない。

リスク チャンス

「新しい資本主義」を真に受けないこと

リスク34「小さな政府」

日本型社会主義に移行していく

世界の歴史、情勢を考えた場合に、新自由主義的な「小さな政府」は、今の時代は成立しないというのが、一つの経済学的回答と言える。

1929年の大恐慌以後、ケインズの唱える有効需要の創出で「大きな政府」がもて囃《はや》されたが、1973年のオイルクライシス以後の経済成長の鈍化により財政赤字の危険性なども考えられ、フリードマンの新自由主義が主流となった。

政府の機能を小さくして、すべてを民間でやればいいというのが、1989年の冷戦終結以後の世界の大きなトレンドだった。経済学的にもフリードマンらシカゴ学派が幅を利かせ、金融規制も撤廃されていった。

ところが、「小さな政府」で規制を撤廃していって、金融の自由化、そして構造改革を進めていった結果、リーマン・ショック（2008年）が起きた。

マスメディアがこぞって、グローバル化は絶対的正解であると喧伝した時代があるし、規制緩和は絶対的な正解であると、今も信じている人たちがいる。

しかし、そもそも規制とは、弱者を強者から守るためのもの。規制をかけることによって弱い者が淘汰されないような仕組みをつくる、それが規制をする理由である。

現在の世界の情勢を見た時に、なぜ中国が権力を強めているかというと、国家資本主義であるからだ。国自体が一つの企業のように資本主義の中で活動している。そして、その資本の能力と、タダ同然で働かせることができる14億の国民。これを国家として運用している。中国の強みは「大きな政府」にある。

「小さな政府」は民間にすべて任せる結果、企業は銀行に頭を下げて、お金を借りなくてはならない。片や、「大きな政府」は企業の後ろ盾になるので、企業はいくらでも金が借りられる。これが同じマーケットの中で競争した場合に、「小さな政府」のほうが分が悪くなるのは自明の理であろう。

エネルギーについても同様だ。国家としてエネルギーを確保していくべきである。民間任せだと、エネルギー価格が危機的な高価格になった場合、調達すらできなくなる可能性がある。

片や、何十兆円という資産規模で、それを自由に動かせる企業と、せいぜい何十億円しか動かせない企業が、同じように原油を買いに行って、誰が10億円しか動かせない企業に売るんだということになる。売るほうも、客の懐を見て態度を変えるのは仕方がない。

電力自由化の失敗と新自由主義の欠点

そのように考えると、現代日本には、「新しい資本主義」というよりも、国家社会主義のような「日本型社会主義」への見直しが求められるのではないか。

国民皆保険、終身雇用などは国家の安定に寄与したシステムであった。ところが少子高齢化、社会構造の歪みの中でバブル崩壊とともに瓦解しつつある。

電力も自由化して失敗した。自由化して新電力が雨後の筍のように誕生したが、ファミリーエナジー、ISエナジー、Nature、エルピオ、ウエスト電力などが次々に事業撤退に追い込まれ、結果的に電気料金が高くなってしまった。

新電力会社が潰れていったのには別の理由もある。もともと電力会社とは名ばかりで、自ら発電する設備は持っていなかった。地元企業などが屋上や遊休地に設置した太陽光発電などでつくった電気を買い上げ、電力会社に転売する口利き業者がほとんどだった。所詮は、電力会社という名のブローカーでしかなかったのである。

かつての日本の電力供給は、電事連（電気事業連合会）を中心とした旧電電方式で、エネルギー資源も旧電電が相手国と話をして、大量に購入していた結果、安定した電力供給が可能になっていた。ところがそれが官僚化・役人化し、高コスト化を招いたので、民営化・自由化されたのである。

今の時代、終身雇用など、夢物語でしかないから、そういうことを再びとは言わない。だが、「親方日の丸」のいいところはいいところとして見直す時に来ているのではないか。マルクスが日本に生まれていたら、「資本論」は生まれなかっただろうと言われているのは、核心をついている。

リスク チャンス 日本的価値観をアップデートする

リスク35　社会制度の歪み

「平和ボケ」の副作用

「大きな政府」、「小さな政府」を考える時に、これまでの日本政府の民間への関わり方を見ていくと、解決すべき問題が見えてくる。

新電力会社の例からもわかるように、これからの時代、「小さな政府」と「大きな政府」、双方の「いいとこどり」をしなければならない。

「大きな政府」をつくりながら、同時に、効率の悪い政府（官僚型）ではなくて、効率を求めるのが、現代の日本に与えられた課題と言える。少し前に問題となった科研費（科学研究費助成事業）も、その角度から見ると新たな側面が見えてくる。

戦後70年以上、日本は社会構造が全く変化しなかった。これは官僚制度も含め、年金制度、保険制度をはじめとする社会システムが「増築、増築」によって成り立ってきたからにほかならない。

改築ではなく、増築。つまり、既得権には手をつけず、必要な部分だけ建て増していく。

そのため余計な部分が出てくる。それでも成長する経済の下ではどうにかなってきたという側面がある。そうして利権の拡大が生じ、通常の国ではありえない「平和ボケ」の要素が加わって、一般社会の考えからはかけ離れたシステムに変貌していった。

もともと科学技術庁は総理府の外局として1956年（昭和31）に設置された。一方で、1871年（明治4）からの伝統ある文部省が存在する。これが2001年（平成13）に中央省庁再編で統合され、文部省に科学技術庁が飲み込まれる形で文部科学省が誕生した。これが科研費の問題とも並行している。

本来なら科学（サイエンス）のための研究費が科研費であろう。科学技術庁は科学技術に関する行政を所管する総理府の外局だったわけだから、当然、科研費の対象は科学技術の研究が対象となるはずだ。

ところが文部省との合併で文部科学省となったことで、科学とは言えない文系学問にも科研費と称する予算がつくようになった。

文系学問にお金を出すことが国家の発展にどこまで寄与するのか、そのあたりの十分な議論がなされた形跡はない。そのため、反政府、反国家的な研究者にまで政府が金を出すというおかしな事態が罷《まか》り通ってきた。

新しい素材、新しい技術を開発するのには膨大なコストがかかる。そのコストを国が負担することによって、新しい技術開発を促進するというのが、本来の科研費の役割だったはず。それが全く異なる目的の分野にも支出されている。

先手を取った制度改革の実現を

大学の設置についても、制度の歪みが現れている。少子化の時代を迎え、私立大学では入学者の確保が課題となっている。

入学希望者を全員合格させても定員割れするような大学は、苦肉の策として、外国からの留学生を募集する。

ところがアジアの貧しい国の人びとが簡単に留学できるはずがない。そこで日本政府が留学生を経済的に援助する。国の慈善事業が、私立の無名大学の経営を支えるという、なんだかよくわからないことになる。

一方で、学びたくても経済的事情が許さない日本人には、留学生のような手厚い支援はない。これはおかしいという声が上がるのは当然だが、それを岸田総理が「留学生は国の宝です」と胸を張って仰るとは、いかがなものだろう。

経済的理由で進学を諦めた日本人学生とその家族に何と声をかけるのか。そういう間違った社会制度を見直すべき時期なのではないだろうか。

社会制度の見直しを考えるなかで、世界情勢を見据え、先行きを予測し、日本の未来戦略を踏まえて政策の見直しを行わねばならない。

現代は、アメリカを中心とした自由主義国家群と、権威主義などと呼ばれる中露などの人権抑圧国のグループが対峙する冷戦時代である。

日本でも輸出規制や半導体規制を含めた輸出管理が行なわれている。米ソの冷戦終結でCOCOM（対共産圏輸出統制委員会）が1994年3月に解散し、その趣旨はワッセナー・アレンジメントという緩い同盟関係に引き継がれた。

ところが現在、米中デカップリングが進み、ロシアのウクライナ侵攻で第三次大戦も考えられる状況となったことで、アメリカは再びCOCOMをつくろうとしている。このCOCOMは「チップ4（日米台韓の半導体供給網に関する協議体）」など、新しい輸出管理に関する同盟形態である。

戦争に巻き込まれかねない状況のなか、戦後の平和ボケの下で生み出され、もはや時代状況にリーチする際の足枷になっている法や制度のアップデートは、日本の国際社会に対する責務でもある。そして、それを遂行するアドバンテージとして、国内への製造業回帰の流れがある。そういうものを、あらゆる分野に波及させて、不必要なものを見極め、見直す時にきている。

第1章で述べた通り2024年のアメリカ大統領選挙で共和党が勝てば、現在の民主党（バイデン）政権が進めるGNDやESGといった、環境問題などを必要以上に重視する経済的に非効率な政策が否定されていく。今のうちに先手を取って進めておかないと、それが新たな外圧となって上陸し、否応なく追従するしかないということになりかねない。そうした先を見通す目をこれからの政治家はしっかりと持っていただきたい。

リスク　チャンス

官僚型の組織から離れる

リスク36　ポスト岸田

「次の次」の世代まではリーダー不在

岸田政権が2021年10月4日に誕生してから、およそ2年の月日が経つ。この程度の期間は継続すると想定していたが、この先はそろそろ危なくなってくる。

2024年には自民党総裁選がある。岸田総理はおそらく、その前に衆議院を解散して選挙を勝ち抜き、その勢いで総裁再選を狙うだろう。

この総選挙に圧勝することが、続く総裁選もクリアして本格的な長期政権の緒につく条件だ。逆に言えば、総選挙で自公で辛うじて過半数維持という程度であれば、政権はもたないかもしれない。一気にポスト岸田に向けての動きが活発になるだろう。

とはいえ、2023年秋の段階で、ポスト岸田候補の政治家がいるのかと言われると、これは何とも心許ない状況である。

「次の次」の世代にはいるが、「次」の世代がいないのだ。そのため、岸田政権が長期化すると「次」の世代の目はなくなり、「次の次」の世代が躍り出る可能性が高い。

「次の次」とは、萩生田《はぎうだ》光一氏（昭和38年生まれ、当選6回）、西村康稔《やすとし》氏（昭和37年生まれ、当選7回）の世代だ。

順番を飛ばされかねない「次」は、茂木《もてぎ》敏充氏（昭和30年生まれ、当選10回）が代表格で、故安倍晋三氏とほぼ同世代のため、年齢的に「次」しかない。河野太郎氏（昭和38年生まれ、当選9回）は「次の次」と同世代ではあるが、当選回数からすればフレッシュ感がない。実際に前回の総裁選で敗れており、岸田政権の帰趨によっては飛ばされる可能性はある。その意味では河野氏は「次」の世代である。

前回の総裁選は、岸田氏、河野氏に加え、高市早苗氏（昭和36年生まれ、当選9回）、野田聖子氏（昭和35年、当選10回）が出馬した。高市氏、野田氏も「次」の世代と言ってよく、「次の次」の前に勝負をかけなければならない。

とはいえ、高市氏は最大の後ろ盾だった安倍氏を失ったし、野田氏は推薦人20人が集められるかさえ不透明だということから、有力候補とはなりそうもない。

そのため、各種アンケートでポスト岸田として名前が出るのが石破《いしば》茂氏（昭和32年生まれ、当選12回）や、小泉進次郎氏（昭和56年生まれ、当選5回）、菅義偉《すがよしひで》氏（昭和23年生まれ、当選9回）、さらに林芳正《よしまさ》氏（昭和36年生まれ、参議院5回、衆議院1回）など、新旧入り乱れてのカオス状態となっている。

岸田政権のロールモデルは「佐藤栄作政権」？

古い話をすれば、池田勇人首相が病に倒れるという「棚ぼた」で成立し佐藤栄作政権（昭和39年～昭和47年）が長期政権になるとは、自民党内でも誰も考えていなかったという。

ところが、政敵が次々と世を去り、国民的支持はそれほど高くなかったものの、国政選挙5回、総裁選3回を乗り切った。当時までは桂太郎が首相在職日数のトップ（現在は安倍晋三）だったが、それに次ぐ記録となったのである。

政治とは不思議なもので、総理の地位は相対的に決まる。つまり、強い相手がいなければその地位に就くのも比較的楽になるだろうし、逆に手強い相手ばかりだと困難になる。

安倍政権のように理念を高く掲げ、つねに高い支持率を背景に選挙を勝ち続け、政敵を蹴散らし続けるほうが珍しい。

ちなみに佐藤栄作総理の最大のライバルと言っていい存在だったのが河野一郎氏であった。第1次佐藤内閣では副総理を務め、内閣改造では閣内残留を拒否して「次」をはっきりと狙う地位にあったが、その直後に急死し、総理の座に届かなかった。

その息子の河野洋平氏は、自民党総裁の地位に就きながら総理にはなれず、孫の河野太郎氏は有力候補と言われた総裁選で敗れている。あと一歩で総理に手が届かないのは河野家の遺伝子なのかと感じる人は少なくないだろう。

岸田政権は、佐藤栄作政権と似たケースになるのではないかという予感がする。

リスク チャンス
「次の世代」はスルーしてよし

リスク37　新NISA

投資リテラシーがないと大損する恐れも

2024年から新しいNISAが導入される。

これまでのNISAの抜本的拡充・恒久化が図られるとされている。ポイントとしては、非課税保有期間を無期限化し、口座開設期間の恒久化、年間投資枠の拡大（最大360万円）、非課税保有限度額は最大1800万円となる。

これは岸田政権からすれば「新しい資本主義」の中の「家計の資産形成支援」であり、資産所得倍増プランの一つということになる。メディアでも頻繁に取り上げられているから、「お上」がすすめていて安心と思われるからと、投資を新たに始めようという人も多いと思う。しかし、投資であることには変わりはないのだから、油断は禁物である。

私としては、NISAそのものは悪くはないが、NISAで扱っている商品の質が悪すぎるように感じる。たとえば、地方銀行が扱う「仕組債」はその70％が販売停止になったとされるが、そんなハイリスクなものも組み込まれているのだ。

仕組債とは、一般的な債権とは異なる特別な仕組みを持つ債券のことである。たとえば、スワップやオプションなどのデリバティブ（金融派生商品）を利用して、多様なニーズに合うキャッシュフローを生み出す構造を指す。

とはいえ、このような説明を投資の素人が聞いても、わけがわからないだろう。直感的に、怖いといった感じを受けるかもしれない。

実際に2022年6月に金融庁は、リスクの高い仕組債の乱売に警告を発した。それを受けて地銀系証券は一斉に販売を停止した。主力商品を販売停止にすれば、収益が落ち込むのは必至で、販売を停止した証券会社の多くが2023年3月期の決算で減益もしくは赤字となった。

最大の赤字額を記録したのが北洋銀行傘下の北洋証券である。純利益ベースで6億6900万円の赤字を記録した。続いて池田泉州HD傘下の池田泉州TT証券で5億7200万円の赤字となった。

仕組債の手数料7％から8％、運用手数料5％から6％では、低金利の時代に元を取るだけでも難しい。金融庁が警鐘を鳴らすのも投資者保護を考えれば当然のことだった。岸田政権がそうした実情を知りつつ、「新しい資本主義」と銘打って個人の投資を拡大させようとするのは、欺瞞《ぎまん》と言うしかないと思う。

先にも述べたが、ＮＩＳＡについてはファンドそのもの、つまり扱っている商品の質が悪すぎる。それなのに株価がここのところ右肩上がりだったため、投資をすれば簡単に儲かるような錯覚が起きている。日本の場合、金融商品の運用者の能力が上がらないと、ＮＩＳＡの枠を広げても意味がないだろう。

リスク　チャンス

リテラシーがない人は「政府公認の投資」を避ける

リスク38　預金封鎖の噂

陰謀論者のたわごとにすぎない

２０２４年に新しい紙幣がお目見えする。

新しい一万円札の顔は、日本資本主義の父・渋沢栄一である。日本が定期的に新紙幣に切り替えるのは、偽札対策や、一種の景気刺激策にもなるからだと言われる。

それ自体に問題はない。だが、この時期に合わせて預金封鎖が行なわれるのではないかという、流言がある。語るのも馬鹿馬鹿しいが、一応、その点も触れておこう。

預金封鎖とは、財政が悪化した際に、政府が預金の引き出し制限をかけることを言う。日本国憲法29条1項で「財産権は、これを侵してはならない」と規定されているため、よほどのことがない限り、国民の財産権を侵害する預金封鎖など行なわれるはずがない。

日本では１９４６年（昭和21）にハイパーインフレに対処するために預金封鎖を実施したことがあるが、この時はまだ日本国憲法が施行されていなかった（日本国憲法の施行は１９４７年5月3日）。

仮に紙幣切り替えに乗じて預金封鎖を行なえば、日本円の国際的信用はもちろん、国民からの信用も地に堕ちる。外銀も外資も誰も円を買わなくなるだろう。金融ビッグバン以降、国際通貨の中の一部になった円が、それをやると国際マーケットに大きな影響を与えかねない。

誰も得をしない悪手

日本は世界最大の債権国で、世界中にお金を貸している。預金封鎖をしてその信用を自ら落として得をする人などいない。

お金は自由に引き出せる、自由に動かせるから価値がある。使えないお金は紙や金属としての価値以外は無価値になる。大量の国債のために預金封鎖をしろと言われても、国債は国が償還するなど、いくらでも方法がある。

国債は国民にお金を借りているわけで、貸し手である国民の預金を返済のために集める行為は国民の資産を奪うことにほかならない。現在の量的緩和のテーパリング（資産買い入れ額を徐々に減らすこと）を、極端な形でやることになる。

国債をゼロにすれば、日銀のバランスシートの見栄えはよくなるかもしれないが、それでどうするのか、何がしたいのかわからない。だから結局、この預金封鎖云々の話は、不安を煽って目立ちたい野党や政治活動家の、政府陰謀論のようなものだろう。

ただし、個人の預金の捕捉性を上げる意味では、通貨変更には意味がある。なぜなら、旧貨から新貨に切り替える過程でタンス預金が表に出てくるからだ。タンス預金が市中に出てくることによって、市場の資金力、通貨量が増えるメリットはあるだろう。しかしそれでも、たかがその程度の話でしかない。

リスク　チャンス

新札切り替え時、一時的に通貨量が増えるかもしれない

リスク39　マスメディアの未来

電通、ジャニーズで立て続けに信頼失墜

ＩＴ関連事業の拡大で、さまざまな業界が影響を受けている。それによるメリットもデメリットも大きいのがメディア業界である。

以前から筆者は警鐘を鳴らしてきたが、これから本格的に再編が始まると思われる。

戦後、マスメディア業界は、メディアスクラムと呼ばれる取材体制を築き、ある種、特権的地位を享受してきた。

日本のメディアは、テレビ、ラジオ、新聞がすべて系列に乗っている。たとえばフジテレビの系列だと、文化放送、ニッポン放送、産経新聞、サンケイスポーツ、道新スポーツ、夕刊フジといった具合である。

他の系列には、朝日新聞系列、読売新聞系列、毎日新聞系列、日本経済新聞系列などがあり、それらの系列を縦糸と呼ぶことができる。

その縦糸でまとめられる媒体を横断する横糸が、電通、博報堂に代表される広告代理店

従来のマスコミの構造

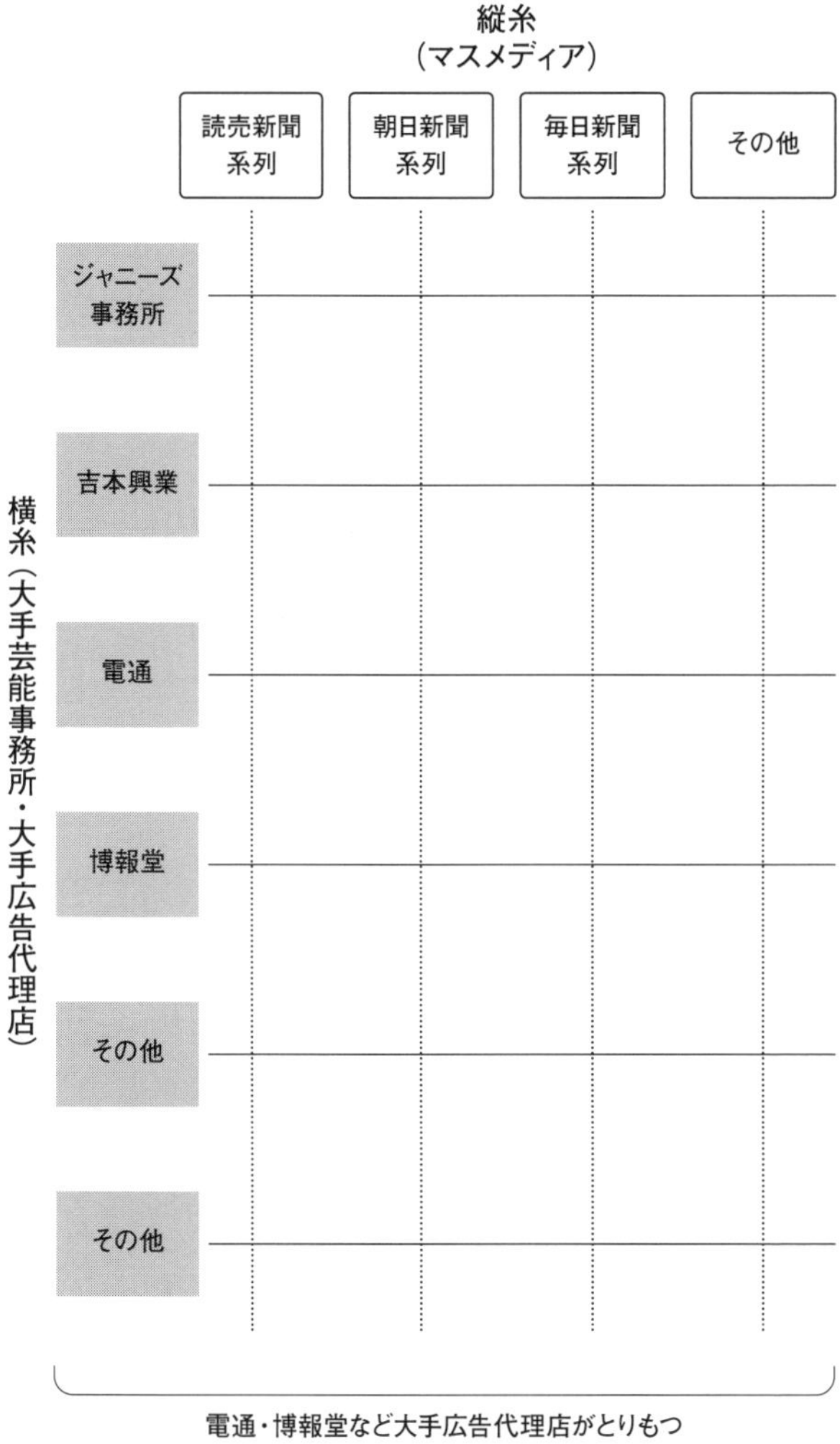
縦糸
（マスメディア）
読売新聞
系列
朝日新聞
系列
毎日新聞
系列
その他
横糸（大手芸能事務所・大手広告代理店）
ジャニーズ
事務所
吉本興業
電通
博報堂
その他
その他
電通・博報堂など大手広告代理店がとりもつ

や、ジャニーズ事務所、吉本興業などの大手芸能プロダクションなのである。

こうして、報道の自由、取材の自由を享受するメディアは、縦糸、横糸でガッチリとオーガナイズされた業界の構造の中にあって、大きな利権を有していた。

ところが、この横糸の部分が急激に崩れてきた。

まず、電通がオリンピックに関する不正で摘発され、さらにジャニーズ事務所という最大手の芸能事務所も創業者の性的加害の問題で告発された。かつてのように独立した縦糸をまとめる横糸としての機能が果たせなくなってしまった。

ネットができない老人にすがりつく新聞

縦糸も縦糸で、新聞という糸の元になった母体がさらに崩壊の度を強めている。5年後には新聞の発行部数はよくて7掛け、ひどいと半分になると言われている。現在の新聞の購読世代の中心がシルバー世代であり、年々鬼籍に入っていくことから予測されているのである。

2022年の死者数は158万人を超えている。その多くが高齢者と考えると、新聞の読者が毎年１００万人単位で減少しているということになる。新聞の部数を調査するＡＢＣによると、朝日新聞の２０２３年1月のＡＢＣ部数（≒販売部数）は約３８０万部で、前年から約62万部の減少となった。１年で14％減という凄まじい落ち込み方である。

日本には数多くの事業があるが、新聞事業ほど急速に落ち込んでいる事業はほかにないだろう。朝日新聞は２０２３年5月1日から朝夕刊セットで４４００円から４９００円へと値上げした。１か月５００円の値上げは年間だと６０００円になる。ライバルの読売新聞が４４００円で据え置いたままであることから、朝日新聞の販売部数は２０２３年にはさらに減少に加速度がつくのではないかと言われている。それを値上げ分でどこまでカバーできるか。

地方のスポーツ紙では発行を停止する新聞社が次々と出てきている。

まず、道新スポーツが２０２２年11月30日をもって紙面発行を休刊（インターネットサイトに移行）した。道新スポーツはブロック紙の北海道新聞が発行しており、紙面そのものはサンケイスポーツの北海道版と言えるものだった。

続いて、西日本スポーツが２０２３年3月31日付けを最後に休刊し、インターネットサイト『西スポＷＥＢ ＯＴＴＯ！』に移行した。西日本スポーツはブロック紙の西日本新聞の系列紙。つまり、ブロック紙レベルの資本力ではスポーツ新聞を抱えるほどの体力がなくなったということである。

新聞の場合、部数の多寡が広告料金に直結するため、値上げによって販売収入は増えても、広告収入は減少する可能性がある。１か月５００円の値上げは、瀕死の朝日新聞に自らトドメを刺してしまう可能性は否定できない。現在、マンションなどはオートロック化が進んでおり、昔ながらの戸別訪問勧誘や新規開拓もできない。地方は過疎化が進み、配達コストが上昇しており、販売店が悲鳴を上げている。

さらに新聞配達の世界でも２０２４年問題があり、本格的な人手不足がやってくる。

今、新聞販売店の多くが外国人留学生を雇用しているのをご存知だろうか。日本に留学した学生は週に28時間のアルバイトしか許されていない。限られた時間で効率的に稼げる、かつ日本人がやろうとしない仕事ということで、新聞配達が注目されている。新聞販売店もギリギリまでコストカットして、何とか新聞を配っている状況である。

こうして縦糸の柱である新聞が、音を立てて崩れ始めた。テレビ業界も新聞ほどではないが、その体制が揺らいでいる。数字で見ると、その壮絶さが伝わってくるだろう。

リスク　チャンス

新聞頼みのメディア戦略から脱却を

Column　キー局のサイマル通信で哀愁ただよう地方局

これまでは東京・大阪のキー局と地方局という支配関係、テレビ局の縦糸がはっきりしていた。ところがキー局も若者やスポンサーのテレビ離れが進み、収益が悪化してきている。

キー局がその有様なので、地方局の収益は推して知るべしである。キー局は、いま「ティーバー（ＴＶｅｒ）」など、インターネットサイマル配信を行っている。そうなると地方局はキー局の番組を放送する意味がなくなり、当然、スポンサーもつかなくなる。

テレビ局独自の縦糸、横糸ともに壊れている。同時にインターネットとの垣根がなくなってきている。結局、この先、テレビはメディアの王様の地位から滑り落ち、プラットフォームの一つに成り下がる現実を、甘んじて受け入れなければならない。そして、そこに巣食っていた既得権益者たちはどうなるか。言わずもがなである。

リスク40　働き方改革

ポストコロナのリモートワーク

リモートワークのような上司の目が届かない働き方は、日本での普及は難しいのではないかと思われていたが、2020年のコロナ禍を背景に一気に一般化した。コロナ禍が収まった2023年でもリモートワークを継続している会社は少なくない。出勤は週に一度、あるいは月に一度という会社も存在する。

とはいえ、やはりオフィスに集まって仕事をしようという揺り戻しの傾向が、アメリカを中心に出てきている。日本にも遠からず、その流れが押し寄せてくるかもしれない。

一方で若い人のなかには、会社に行きたくないという人たちが一定数いる。自宅を出てから会社まで1時間かかるとすれば、自宅で勤務すれば一日2時間、自由な時間ができる。人生が豊かになるだろうし、交通費もかからないから、会社にとっても経費削減になる。

われわれはどこで働くべきなのか？　結論から言えば、通勤する必要のない産業、職種においては、リモートワークでいいだろう。出勤しなくても成立する職種、たとえば資料や原稿の作成とか、データのまとめや調査関係の仕事なら、出勤しなければできないということはないだろう。

営業職も同様で、顧客と顔を合わせるには直接会ったほうがいいかもしれないが、事務的なやり取りの場合はリモートでやる方がお互いにとって便利。こちらも、ここぞという時に直接、会いにいけばいい。

昭和のサラリーマン感覚だと、「自宅で勤務など、サボって働かないだろう」などと思うのかもしれないが、そのレベルの労働者を雇う側が間違っている。自己管理ができない者は出勤させても遅刻したり、サボったりで、会社に大きな利益をもたらすことはない。

それでも出勤させるような企業は、結局、そのためのコストが高くなり、厳しい生存競争の中、淘汰されるだろう。同業他社に比べて非効率な者から消えていくのは、天地自然の理である。

一方、リモートワークを採用する会社では、全員が出勤することを前提にした広いオフィスを構える必要はない。これまでより至便《しべん》なロケーションのコンパクトで洒落たオフィスにすれば、出勤者は喜ぶし、レンタルフィーも少なくて済む。もちろん、交通費も大幅に削減できる。

明らかにリモートワーク中心の会社のほうが考え方として建設的であると筆者は思う。

X（旧ツイッター）では、在宅勤務は認めないと、堂々と宣言している。「リモートワークだと働いているかどうかわからないから」という、そのものズバリの理由で、それに納得して勤務しなさいという体制だから、恐らく内部からの不満は出るまい。

あえて出勤を強いるならここまでしっかりと方針と覚悟を示すのが正解だろう。

Xの場合、成果主義的な給与体系が難しいという側面もあるのかもしれない。たしかにそういう会社も多いだろう。

いずれにしても、何がムダで、何が生産性を高めるのかを一つひとつ判断して、采配を振る。そういう姿勢がビジネスリーダーには求められる。

リスク　チャンス

毎朝、満員電車で通勤させる企業には注意！

Column

世界と経済が学べる オススメ映画⑤

『スポットライト 世紀のスクープ』
（２０１５年 トム・マッカーシー監督）

カトリック司祭による児童への性的虐待を暴き、２００３年にピューリッツァー賞を受賞した、ボストン・グローブ紙の「スポットライト」チームの活躍を追う。

未曾有の大スキャンダルを白日の下に晒した、これぞ調査報道と呼ぶに相応しい痛快な内容となっている。

日本ではピンと来ないかもしれないが、教会は今でも西欧社会で強大な権力を持っている。中世欧州では教会の力が国王の力を凌駕しており、それを示す象徴的な事件として知られるのがカノッサの屈辱（１０７７年）である。

21世紀のアメリカで教会の力が大統領を上回ることは考えられないが、一定の影響力を有しているのは明白。２０１６年の大統領選で世界に衝撃を与えたフェイク

ニュースは「ローマ法王がトランプ支持を表明した」というものであった。

カトリック信者の多いボストンでは、カトリック教会がどのような地位にあるかは想像がつく。

そのボストンのある教会で、神父による児童への性的虐待が行なわれているという事実をつかんだボストン・グローブ紙が、2001年から調査を始め、途中9・11テロを挟みながらも根気よく調査を続け、性的虐待をしていたとされる87人の司祭のリストを入手し、2002年に記事として事実の公開に踏み切った。この報道で一気に過去の被害者を含む告発者が現れ、大々的なスキャンダルへと発展する。

隠蔽を行なった枢機卿を辞任に追い込むものの、その後、枢機卿はローマの教会へと栄転する。このあたりが闇の深さを感じさせる部分ではある。

10年近く前の映画であるが、日本では今、ジャニーズ事務所の創業者の性的加害問題が関心を集めている。長年、水面下では話題になっていたが、視聴率が取れる人気タレントを大勢抱える芸能事務所の醜聞をメディアは報道できなかった。この件はないものとして長年、タブー視されてきた。イギリスのＢＢＣが報道したことによって、初めて重い腰を上げつつあるといったところである。それを考えると、日本のメディアも、カトリックを恐れたアメリカのメディアを笑うことなどできない。

５年後には購読者が半分になっているのではないかと言われる日本の新聞だが、この映画を見ると、新聞のあるべき姿をひしひしと感じさせられる。ひょっとしたら、このような勇気ある新聞社ならこれからの時代も生き残るのではないかと思わせる。

アメリカのメディアの底力に感服させられる映画である。ひるがえって日本のメディア状況を考えながら見ると、脱力感を覚えること間違いなし。

おわりに——人生の後半戦を迎えるビジネスパーソンへ

昭和の時代には、風邪で熱があっても気合で出勤して、会社の指示通りに働いていれば、安定した生活が得られた。年齢とともに待遇も上昇した。

しかし、令和の時代はそうはいかない。

本書を読んだ人ならもう、わかるだろう。

漫然と会社任せで生きていると、気がつけば働く場所がないということも十分ありうる。つねに自分自身の成長を図り、社会の動きを察知し、自分はどう生きれば幸せになれるかを選択していくしかない。

そうすれば、生きている実感と納得感が生まれてくるだろう——。

本シリーズが発刊された当時は40代だった筆者も、早いもので50代中盤に差し掛かった。

人生の後半戦を迎える50歳以降の方々は、特にこれからの一年、重要な判断を求められると思う。時代の変転に伴う危機感や不安に打ち勝つべく、やるべきことを、やりたいようにやろう。

60歳で定年退職、65歳まで再雇用、それが終わったら切り詰めた年金生活でいいのだと、そうなる前から悟りの境地になるのでは寂しくないか。そのように生きるあなたは、若いころから刷り込まれてきた人生観の奴隷で終わるのかもしれない。

50歳以降においても「次の人生をどうしたいか」に基づいて行動するほうがいい。何かをしなければならなくなるまでグズグズしていれば、すぐに追い詰められてしまう。

たとえば、他の仕事に就きたいのであれば、挑戦しよう。そのために資格が必要なら資格を取る。それは世界を、社会を違う角度から見渡す力になる。

これまでの経験で、何をやったら自分は他人より勝るのかがわかっているはず。それが次の人生の土台だ。

男性も女性も平均寿命から見れば、人生、まだ30年以上残っている。大学に通って学び直すことも可能なのだ。そういう努力をせずに、何かいいことないかなと待っていても、悪いこと以外何も起きない。

そして、充実感、納得感を抱いて人生後半を生きるために重要になるのが、本書で示してきた「リスク→チャンス」に変える発想力だ。体力的にも、能力的にもピークアウトする中、どうマインドを切り替えていけるか、それができれば人生は俄然楽しくなる。

会社が答えを与えてくれたのは昭和、よくて平成の前半まで。これから会社に勤めるにしても、自分は会社に何を与えられるのかを考えること。そうした意識の高い人間にとっては、非常に面白い社会になっている。

それを実践できるか否かで、人生後半の世界はガラッと変わると思う。

本書をそういう発想への転換点にしてほしい。

最後に、日ごろ筆者に情報を提供してくださる皆様、本書の企画・編集に携わっていただいたPHP研究所の大隅元《げん》編集長、執筆を支えていただいた松田隆氏、大久保龍也氏に感謝の言葉を述べたいと思う。

２０２３年９月

渡邉哲也

〈著者略歴〉
渡邉哲也（わたなべ・てつや）
作家・経済評論家。1969年生まれ。日本大学法学部経営法学科卒業。貿易会社に勤務した後、独立。複数の企業運営などに携わる。2009年、『本当にヤバイ!欧州経済』（彩図社）を出版、欧州危機を警告しベストセラーになる。内外の経済・政治情勢のリサーチや分析に定評があり、さまざまな政策立案の支援から、雑誌の企画・監修まで幅広く活動を行なっている。主な著書に、『世界と日本経済大予測』シリーズ（PHP研究所）、『「米中関係」が決める5年後の日本経済』（PHPビジネス新書）のほか、『「中国大崩壊」入門』『2030年「シン・世界」大全』（以上、徳間書店）など多数。

世界と日本経済大予測2024-25

2023年11月15日　第１版第１刷発行
2023年12月18日　第１版第２刷発行

著　者　渡邉哲也
発行者　永田貴之
発行所　株式会社PHP研究所
東京本部　〒135-8137　江東区豊洲5-6-52
ビジネス・教養出版部　☎03-3520-9619（編集）
普及部　☎03-3520-9630（販売）
京都本部　〒601-8411　京都市南区西九条北ノ内町11
PHP INTERFACE　https://www.php.co.jp/

装　丁　秦　浩司
組　版　有限会社エヴリ・シンク
印刷所　株式会社精興社
製本所　株式会社大進堂

ISBN978-4-569-85598-1